THE TERRIBLE TRUTH ABOUT TIME
by Nick Arnold, illustrated by Tony De Saulles

Text copyright ⓒ 2002 by Nick Arnold
Illustrations copyright ⓒ 2002 by Tony De Saulles
All rights reserved.
Korean translation copyright ⓒ 2007 by Gimm-Young Publishers, Inc.
This Korean edition was published by Gimm-Young Publishers, Inc.
in 2007 by arrangement with Scholastic Ltd. through EYA(Eric Yang Agency), Seoul.

이 책의 한국어판 저작권은 에릭양 에이전시를 통한 Scholastic Ltd.와의 독점계약으로
(주)김영사에 있습니다. 저작권법에 의하여 한국 내에서 보호를 받는 저작물이므로
무단 전재와 복제를 금합니다.

앗, 이렇게 재미있는 과학이!

똑딱똑딱 시간 여행

닉 아놀드 글 | 토니 드 솔스 그림 | 이충호 옮김

주니어김영사

똑딱똑딱 시간 여행

1판 1쇄 인쇄 | 2007. 5. 30.
개정 1판 1쇄 발행 | 2019. 12. 5.

닉 아놀드 글 | 토니 드 솔스 그림 | 이충호 옮김

발행처 김영사 | 발행인 고세규
등록번호 제 406-2003-036호 | 등록일자 1979. 5. 17.
주소 경기도 파주시 문발로 197(우-10881)
전화 마케팅부 031-955-3100 | 편집부 031-955-3113~20 | 팩스 031-955-3111

값은 표지에 있습니다.
ISBN 978-89-349-9842-6　74080
ISBN 978-89-349-9797-9　(세트)

좋은 독자가 좋은 책을 만듭니다. 김영사는 독자 여러분의 의견에 항상 귀 기울이고 있습니다.
독자의견전화 031-955-3139 | 전자우편 book@gimmyoung.com
홈페이지 www.gimmyoungjr.com | 어린이들의 책놀이터 cafe.naver.com/gimmyoungjr

이 도서의 국립중앙도서관 출판시도서목록(CIP)은 서지정보유통지원시스템
홈페이지(http://seoji.nl.go.kr)와 국가자료공동목록시스템(http://www.nl.go.kr/kolisnet)에서
이용하실 수 있습니다. (CIP제어번호 : CIP2019031329)

어린이제품 안전특별법에 의한 표시사항
제품명 도서　제조년월일 2019년 12월 5일　제조사명 김영사　주소 10881 경기도 파주시 문발로 197
전화번호 031-955-3100　제조국명 대한민국　⚠주의 책 모서리에 찍히거나 책장에 베이지 않게 조심하세요.

차례

책머리에	7
시간은 무엇인가?	10
시간은 왜 한쪽 방향으로만 흐를까?	17
우리가 느끼는 시간	33
달력을 둘러싼 이런저런 이야기	44
기상천외한 시계들	68
바다 위에서 위치를 찾아 주는 시계	78
시간을 아주 정확하게 측정하는 시계	96
시간은 늘 같은 속도로 흐를까?	116
요상한 시공간	126
초보자를 위한 시간 여행	144
끝맺는 말 : 시간의 종말	166

닉 아놀드는 어린 시절부터 책을 쓰기 시작했지만, 우주 공간에 관한 책을 써서 유명해지리라고는 꿈에도 생각지 않았다. 이 책을 쓰기 위해 아놀드는 달팽이가 달리는 속도를 재고, 외계인에게 납치당하기까지 했다. 그렇지만 그는 그 모든 것을 즐겼다고 한다.

〈앗, 이렇게 재미있는 과학이!〉 시리즈에 관한 일을 하지 않을 때에는 피자를 먹거나 자전거를 타거나 썰렁한 농담을 생각한다고 한다(음, 물론 이 모든 것을 동시에 하는 것은 아니다).

토니 드 솔스는 기저귀를 차고 다닐 때부터 크레용을 집어 들고 놀았으며, 그 후로 계속 낙서와 그림을 그려 왔다. 그는 〈앗, 이렇게 재미있는 과학이!〉 시리즈에 홀딱 빠져 성능이 입증되지 않은 타임머신도 기꺼이 탔다. 다행히도 지금은 충격에서 회복 중이다.

스케치북을 들고 밖으로 나가지 않을 때면 시를 쓰거나 스쿼시 게임을 즐긴다. 그렇지만 아직까지 스쿼시에 관한 시는 한 편도 쓴 적이 없다고 한다.

책머리에

시간이 무엇인지는 누구나 다 안다. 우리는 시간을 아끼고, 시간을 얻기도 하고 잃기도 한다. 우리는 시간을 표시하기도 하고, 정확하게 지키기도 하고, 질질 끌기도 하지만, 시간은 아무도 기다려 주지 않는다. 우리는 시계를 보고 시간을 알 수 있지만, 정말로 골치 아픈 시간의 문제를 제대로 다룰 수 있는 사람은 아주 드물다.

자, 내가 하고 싶은 말이 무엇인지 눈치 챘지?

그렇다면 시간에 관한 진실은 어디서 찾아야 할까? 물론 전문가에게 물어볼 수도 있다. 그렇지만 전문가가 설명하는 말을 알아들으려면 코끼리만 한 크기의 뇌가 있어야 할 것이다.

그렇지만 정말로 쉽고 간단한 방법이 있다! 그것은 바로 이 책을 읽는 것이다!

이 책은 지금까지 쓰인 미스터리 작품 가운데 최고의 걸작이다. 이 책에는 시간을 측정하거나 시간에 관한 실험을 하면서, 심지어는 시간 여행을 꿈꾸면서 시간에 관한 진실을 알아내려고 노력했던 사람들에 관한 이야기가 나온다.

좋은 책은 독자를 다른 시간과 공간으로 안내한다. 이 책은 여러분을 그것보다 훨씬 더 먼 시간과 공간 여행으로 안내하면서 기기묘묘한 과학의 세계를 보여 줄 것이다. 도중에 시간 때문에 골치를 썩이고 큰 고통을 받은 과학자도 여럿 만날 것이다. 그렇지만 잠깐 기다려 보라. 지금 당장 모든 것을 다 이야기해 줄 수는 없으니까. 이 책을 끝까지 끈기 있게 읽으면서 시간에 관한 그 끔찍한 진실을 직접 찾아보라.

시간은 무엇인가?

다음과 같은 알쏭달쏭한 말을 들어 본 적이 있는지?

시간은 양파와 같다.

아니다! 시간에 관한 이야기가 매운맛이 나거나 고약한 입 냄새가 나거나 눈물이 쏙 빠지게 한다는 뜻이 아니다. 시간이 양파처럼 여러 층을 갖고 있다는 뜻이다. 그 층들은 지식과 수수께끼가 쌓여 있는 층들이다. 우리는 이 책에서 그 모든 층을 샅샅이 살펴보고, 다음과 같은 흥미로운 사실들을 알아볼 것이다.

- 어떻게 하면 매사에 늦으면서도 무사할 수 있을까?
- 만약 블랙홀 속으로 들어가면 어떤 일이 일어날까?
- 그리고 시간에 관한 끔찍한 진실!

일단 맨 바깥쪽 껍질부터 시작하기로 하자(안쪽부터 시작하는 것보단 훨씬 나을 것이다).

여러분은 아주 어릴 때부터 시간에 대해 이것저것 배웠을 것이다. 시간에 영향을 받지 않고 살아가는 사람은 아무도 없다. 우리는 인생을 시간으로 재고, 하루 일과도 시간 단위로 계획을 세우면서도, 늘 시간이 부족해 허둥대며 살아간다. 연휴가 어느 새 홀딱 다 지나가 버린 일요일 오후가 되면 특히 그렇다!

그렇다면 이번에는 과학자의 입에 거품을 물게 할 만한 질문을 던져 보자. 그 답은 아주 끔찍할 정도로 복잡할 것이다.

음, 차라리 그냥 내가 설명하는 게 낫겠다.

시간에 관한 X-파일

이름 : 시간

기초 사실 : 1. 시간은 우주의 상태가 변화하는 것을 나타낸다. 지금 여러분은 시간 중에서 '현재'라고 부르는, 찰나의 순간을 살고 있다.

2. 시간은 '빅뱅'과 함께 시작되었다. 빅뱅은 상상할 수 없을 정도로 아주 작은 점에서 우주가 탄생한 사건을 말한다. 우주가 어디서 왔는지는 아무도 모르지만, 우주는 갈수록 점점 더 커져 가고 있다.

3. 과학자들은 시간과 공간을 '동전의 양면처럼 똑같은 것이 서로 다른 모습으로 나타나는 것'이라고 믿고 있다. 이 말을 듣고 골이 지끈거리더라도 꾹 참아라. 126쪽까지는 크게 머리 쓸 일이 없을 테니까.

이제 여러분도 11쪽의 과학자가 받은 충격을 이해할 수 있을 것이다.

섬뜩한 비밀 : 우리가 살아가면서 마주치는 불행 가운데 상당수는 때와 장소를 잘못 만나 일어난다. 기차나 비행기, 버스 또는 배를 놓쳐 본 적이 없는지? 날짜를 잘못 알고 가장 무도회에 참석한 적은? 이제 무슨 말인지 감이 온다고?

가장 무도회는 내일인데, 그때까지 응접실에서 기다리시지요.

★ 요건 몰랐을걸!

1. 측정 가능한 가장 짧은 시간 단위는 0.000000000000000000000000000000000000000000이다. 즉 소수점 뒤에 0이 42개나 붙어 있다. 이 짧은 시간을 '플랑크 시간(Planck time)'이라고 부른다. 이것을 발음이 비슷한 '플랭크(plank, 널빤지)'와 혼동하여 다음과 같은 것으로 착각하면 안 된다.

a) 널빤지 조각(a plank of wood)

b) 뱃전에서 바다 위로 걸쳐진 널빤지 위로 걷기(walking the plank). 이것은 해적이 포로를 판자 위로 걷게 해 바다로 떨어뜨려 죽이던 방법이다.

c) 널빤지처럼 우둔한(as thick as a plank)

'플랑크 시간'이란 이름은 바로 그 시간을 계산한 독일 과학자 막스 플랑크(1858~1947)의 이름에서 딴 것이다. 플랑크 시간은 모기가 눈을 한 번 깜박이는 시간보다도 훨씬 짧다. 아무리 그래도 크리스마스 선물을 뜯는 여러분의 동작보다 더 빠를까?

2. 시간이 생기고 나서 지금까지 흐른 시간 가운데 가장 긴 것은 당연히 우주의 나이다. 대략 130억 년으로 추정된다. 이것은 아주 긴 시간이다. 1억 8500만 명이 차례로 태어나 살다 죽은 시간을 합친 것과 맞먹는다. 물론 우주가 시작되던 순간부터 사람이 살기 시작했다고 한다면 말이다!

먼 옛날부터 사람들은 시간이 무엇이며, 어떻게 시작되었는지에 대해 많은 생각을 해 왔다. 불행하게도 이 책의 도움을 받을 수 없었던 옛날 사람들은 제멋대로 희한한 생각들을 지어 냈다.

세계 곳곳에서 많은 사람들이 시간에 관해 이런저런 추측을 했는데, 그 가운데 고대 그리스 사람들이 생각해 낸 이야기를 하나 소개한다.

시간에 관한 소름 끼치는 이야기

정말 재미있지? 서양에서는 전통적으로 그림에서 지난해를 낫을 든 노인(아버지 시간)으로, 새해를 아기로 묘사해 왔는데, 한동안 그림 속의 노인과 아기는 각각 크로노스와 제우스로 묘사되었다.

오늘날 이런 이야기는 고양이에게 오페라를 가르치려고 하는 것만큼이나 아무 의미 없는 것이 되고 말았지만, 옛날 사람들이 시간을 이해하려고 고민한 흔적만큼은 엿볼 수 있다. 물론 과학자들은 좀 더 합리적인 방법으로 이 문제에 접근했다. 우리 역시 다음 장부터는 그렇게 할 것이다. 그런데 좀 서둘러야겠다! 다음 장이 벌써 시작되고 있으니까!

시간은 왜 한쪽 방향으로만 흐를까?

정말로 묘한 것은 시간이 흐르는 것을 볼 수 없다는 사실이다. 그렇지만 우리는 시간이 흐르면서 일어나는 일들은 볼 수 있다. 매일 지구가 자전함에 따라 해가 하늘을 가로질러 가고, 밤에는 이와 똑같은 이유로 달이 하늘을 가로질러 간다. 계절의 변화는 좀 더 느리게 일어난다. 그리고 그보다 더 느리게 사람은 점점 늙어 간다.

우리는 이 모든 것에 익숙해져 있다. 만약 이러한 일들이 거꾸로 일어나고, 여러분이 나이를 거꾸로 먹는다면 뭔가 이상하다고 느끼지 않겠는가? 만약 마흔 살이 넘은 사람이 얼굴에 주름이 사라지고, 특별한 샴푸를 쓴 것도 아닌데 흰 머리카락이 검게 변한다면, 그 사람은 마법이라도 일어난 것처럼 흥분하여 방방 뛸 것이다.

직접 해 보는 실험 : 사건이 거꾸로 일어나는 것을 보는 방법

준비물 :

이 책
여러분 자신

실험 방법 :

1. 자, 아래에 머리가 잘린 남자의 그림이 있다. 이제 여러분은 책을 책상 위에 놓고, 얼굴을 서서히 나무 토막 위로 가까이 가져가기만 하면 된다. 겁낼 것 없다! 절대로 위험한 실험은 아니니까.

2. 핏자국을 보되, 거기에 초점을 맞추지는 마라.

실험 결과 :

여러분의 코가 책에 닿을 때쯤이면, 남자의 머리가 몸에 붙어 있을 것이다! 눈이 책에 가까워질수록 시야가 점점 좁아져 결국 머리와 몸 사이의 틈이 보이지 않게 되기 때문이다. 마치 시간이 거꾸로 흐르는 것처럼 보이지 않는가?

비디오테이프를 거꾸로 돌라면 이와 비슷한 효과를 볼 수 있다. 만약 영화 전체를 거꾸로 돌리며 본다면, 결말을 먼저 알고 나서 시작을 알게 될 것이다. 이것은 시간을 거슬러 과거로 여행하는 것과 비슷하다.

음, 이왕 시간 여행 이야기가 나왔으니, 우리의 시간 여행 이야기 가운데 첫 번째 에피소드를 구경하기로 하자.

사립 탐정 돈조아는 돈만 준다면 무슨 일이든지 하는 사람이다. 그가 이번에 맡은 일은 괴짜 발명가 사이비 교수가 만든 타임머신을 시운전하는 것이다. 그러나 이 실험은 이상하게 꼬이고 말았다. 여러분은 문제의 원인이 무엇인지 찾아낼 수 있을까?

시간 속에서 실종된 돈조아 탐정

돈조아 탐정의 보고서

 도대체 나처럼 유능한 뉴욕의 사립 탐정이 왜 이런 엉터리 실험에 뛰어들게 되었을까? 나도 그 이유가 궁금하다. 나는 예전에도 사이비 교수를 위해 일을 해 준 적이 몇 번 있었는데, 그때마다 도대체 내가 이 일을 왜 맡았을까 하고 후회하곤 했다. 하지만 보수가 두둑했기 때문에 거절할 수가 없었다. 아, 돈! 돈은 나를 움직이는 마법의 물질이 아니던가!

 그래서 나는 또다시 사이비 교수의 기분 나쁜 실험 대상이 되고 말았다. 나는 그가 발명한 지저분한 기계에 몸이 묶였다. 샌드위치 사이에 끼인 소시지 같은 꼴이다. 사이비 교수는 이 기계를 타임머신이라고 했다. 결국 나는 타임머신에 탄 모르모트나 다름없었다.

 사이비 교수가 스위치를 누르자, 그 다음 순간 나는 어느 방의 있는 침대 위에 누워 있었다. 뭔가 잘못되었다는 생각이 들었지만, 뭐가 잘못되었는지 알 수 없었다. 그런데 얼마 지나지 않아 나는 그 정체를 알게 되었다.

 나는 침대에서 빠져 나왔다. 그런데 내 몸을 내 마음대로 할 수 없었다! 내 몸에는 나 말고도 딴 마음이 하나 더 있었다! 내 몸을 지배하는 그 마음은 뒤쪽으로 움직이길 원했고, 나는 어쩔 수 없이 끌려갈 수밖에 없었다. 최소한 딴 마음은 어디로 가야 하는지 알고 있는 듯했다.

그 다음에 일어난 일은 지극히 개인적이고 지저분한 일이지만, 교수가 "모든 비밀을 공개해야 합니다."라고 말했고, 나는 돈을 받았기 때문에 솔직하게 다 털어놓겠다. 나는 뒷걸음질을 쳐 화장실로 들어가 칫솔을 쥐고 수도꼭지를 돌렸다. 그런데 물이 밑에서 솟아올라 수도꼭지로 들어가는 게 아닌가! 또 침과 거품이 섞인 커다란 물 덩어리가 '꼬로로' 소리와 함께 내 입으로 들어왔다.

나는 놀라서 어쩔 줄 몰랐다. 칫솔질을 하려고 했지만, 내 입 속엔 오물이 잔뜩 들어 있었다.

'이봐, 돈조아!' 나는 불안감에 사로잡혔다. '정신 좀 차리라구!'

엄청 헷갈리는 상태에서 나는 얼굴과 손을 수건에 닦고 나서 세수를 하려고 했다. 그런데 수건은 축축했고, 다시 거품투성이인 물이 배수구에서 위로 솟아올라 수도꼭지로 들어갔다. 나는 사이비 교수가 배관공을 불러야 할 거라고 생각했다.

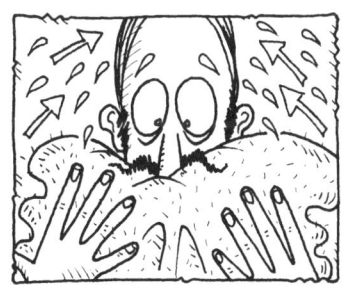

나는 변기에서 물 내리는 손잡이를 누르는 게 아니라 위로 올린 뒤, 변기 뚜껑을 열었다. 그런데 안에 누가 먼저 일을 봐 놓은 상태여서 나는 일을 보고 싶은 마음이 싹 사라졌다. 그러나 내 의지와는 상관없이 내 몸은 바지를 내리고, 변기에 앉았다. 그러자 변기에 들어 있던 건더기가 솟아오르더니 내 몸속으로 들어가는 게 아닌가!

평생 살다 살다 이런 끔찍한 일은 처음 겪는다. 그런데 그보다 더 끔찍한 일이 나를 기다리고 있었다!

엉덩이에 댔다가 떼어 낸 화장지는 깨끗했는데, 나는 그것을 화장지 롤에다 붙이고 나서 일어섰다. 변기 속의 물은 깨끗해 보였지만, 나는 영 찜찜한 기분이 가시지 않았다.

'이봐, 돈조아 탐정!' 나는 속으로 이렇게 생각했다. '자넨 탐정이니, 무슨 일이 일어났는지 추리해 내야지.'

이야기를 자세히 하려면 다소 길어지기 때문에 간단히 설명하겠다.

나는 옷을 갈아입고 아래층으로 내려갔다. 물론 이 모든 일은 평소와는 거꾸로 일어났다. 나는 거꾸로 계단을 내려가면서 넘어지지나 않을까 불안했지만, 내 몸이 잘 알아서 해 주었다. 그때, 사이비 교수의 목소리가 들려왔다. 그런데 무슨 말인지 알 수 없는 괴상한 소리였다.

있기는 뭐가 있어! 나는 그게 고대 아이슬란드어인가 했다. 사이비 교수는 계속 이 언어로 말을 했는데, 정작 놀라운 것은 나 자신도 같은 언어로 말을 한다는 사실이었다. 나는 우리가 무슨 말을 하는지 통 감을 잡을 수 없었지만, 교수는 알아듣는 것처럼 보였다.

그 다음에 나는 음식이 차려진 식탁에 앉았다. 바로 이 일을 겪고 나서야 나는 그 수수께끼를 풀었다. 단서를 제공한 것은 고양이였다.

교수는 쓰레기통에서 깨어진 컵 조각들을 끄집어내더니 바닥 위에 죽 펼쳐 놓았다. 그러면서 역시 알 수 없는 소리를 내뱉었다.

"!이양고 할망 !런이 오"

무슨 이유에서인지 교수는 고양이를 집어 올려 식탁 위에 올려놓았다. 그리고 나서 정말 기괴한 일이 일어났다. 바닥에 흩어져 있던 컵 조각들이 들러붙으면서 붕 날아오르더니 비행접시처럼 바로 내 눈앞에 사뿐히 내려앉는 게 아닌가! 그것이 고양이의 발을 툭 치자, 고양이는 살금살금 뒷걸음질치더니 마치 고양이 헬리콥터처럼 바닥으로 내려갔다.

나는 산전수전 다 겪으며 온갖 괴상한 일을 보았지만, 이런 일은 처음이었다. 그러다가 문득 이 일을 본 적이 있다는 생각이 들었다. 어젯밤에 그 고양이가 식탁 위로 뛰어올라 컵을 탁 쳐서 바닥으로 떨어뜨리지 않았던가! 그제야 나는 내가 처한 끔찍한 상황을 깨달았다. 나는 어제를 다시 경험하고 있는 것이다! 그리고 시간이 거꾸로 흐르고 있다!

나는 배가 불렀다. 반쯤 씹은 음식물이 식도를 통해 입속으로 올라왔고, 그것을 내 숟가락이 담아 입 밖으로 끄집어냈다. 오, 이런! 저것은 내가 어젯밤에 먹었던 달팽이들 아닌가! 달팽이들은 어제와 마찬가지로 별로 상태가 좋아 보이지 않았다. 실은, 나만큼이나 기분이 좋아 보이지 않았다. 나는 위 속에서 음식물을 게워 내 접시 위에 쌓고 있었다!

그러니까 먹는 동작을 거꾸로 하고 있는 것이다!

그렇게 하루가 거꾸로 흘러갔다. 나는 뒤로 가는 비행기를 타고 하늘을 거꾸로 날았다. 느끼한 기내식과 난기류로 음식을 토하던 순간이 기억났다. 나는 제발 다시 그 일이 반복되지 않길 기도했으나, 기어이 똑같은 일이 일어났다(다만 거꾸로)!

지난번처럼, 아니 그것보다 훨씬 불쾌했다. 멀미 봉투를 붙잡았더니 그 속에서 구토물이 내 입으로 튀어 올랐다! 나는 그것을 고스란히 입으로 받아 꿀꺽 삼켜야 했다. 마침내 나는 집에 도착하여 침대에 누웠다. 시간은 이른 아침인데도 무척 졸렸다. 내 평생 이렇게 끔찍한 하루는 처음이었다.

그리고 눈을 떴더니 타임머신 안이었다.

사이비 교수의 실험 일지

> 나는 기계에서 잘못된 부분을 고치고, 나 자신과 야옹이를 대신해 돈조아 탐정에게 정중하게 사과했다. 돈조아 탐정은 시간이 거꾸로 흐르는 것을 경험한 것으로 보이는데, 그 동안에 그의 뇌는 정상적으로 돌아가고 있었다. 돈조아 탐정은 어제 저녁에 나온 음식을 별로 좋아하지 않았다. 나는 그가 달팽이를 좋아할 줄 알았는데…….

오, 이런! 이 책의 과학 내용 감수를 맡고 있는 설레발 씨는 이 이야기가 무척 마음에 들지 않는 모양이다. 설레발 씨는 하루종일 침실에서 시간 과학을 연구하며 보낸다. 그는 특히 시시콜콜한 내용도 그냥 넘어가는 법이 없다.

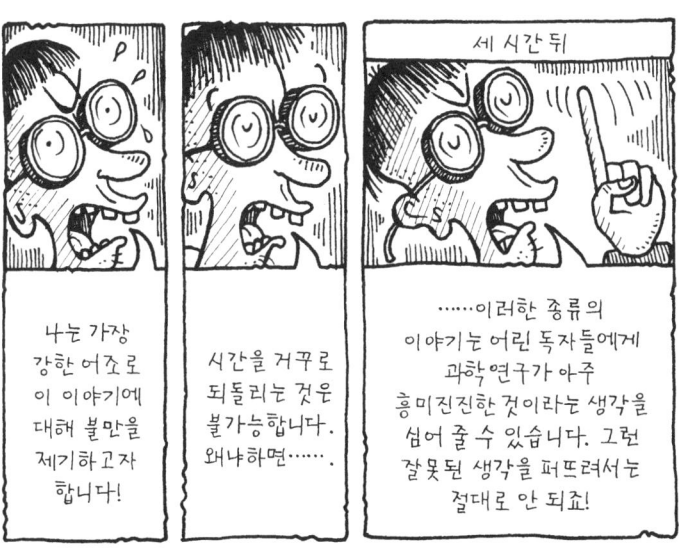

음, 설레발 씨의 말에도 일리가 있다! 시간이 거꾸로 흐를 수 없다고 생각하는 과학자들이 많다. 왜냐하면 아주 중요한 과학 규칙이 있기 때문이다.

이 규칙은 오로지 한 방향(그러니까 미래 방향)에만 적용된다. 그것은 혼란의 증가와 관계가 있는데……

소름 끼치는 과학 용어

과학자 왈,

내 실험에서 엔트로피가 늘어났어.

그럼, 여러분은 이렇게 말하겠지?

엔트로피를 먹었어요? 참 잘했어요!

> 덤 : 자신의 우사를 인상적이고 사랑스럽고 상냥하고 그리고 좋게 만들고 싶은가? 엔트로피(entropy)는 훌륭하게 쓰인다. 곧 무질서도를 말한다. 과학자들은 엔트로피라는 말을 정말 좋아하는데, 과학자들에게 잠자리는 너무나 황홀한 것이다. 그러한 열광이 사람을 미치게 만든다. 때 너희들 사용한다고 과학자에게 나타나서 수도 있다.

과학자들은 우주에서의 엔트로피 양은 시간이 지남에 따라 증가한다고 믿고 있다. 이것을 직접 보고 싶다면 멀리 갈 것도 없다. 바로 여러분의 집을 들여다보면 되니까! 양말이 흔적도 없이 사라지지는 않는가? 월요일 아침에 다른 사람의 반바지나 속옷이 여러분 서랍에 들어 있지는 않은가? 만약 그렇다면, 시간이 지남에 따라 혼란(무질서도)이 증가한다는 말이 이해가 갈 것이다. 그런데 왜 이러한 일이 일어날까? 우리가 자꾸 양말을 잃어버리는 습관을 고치기 위해 음흉한 과학자들이 꾸민 음모는 아닐까?

시간에 관한 X-파일

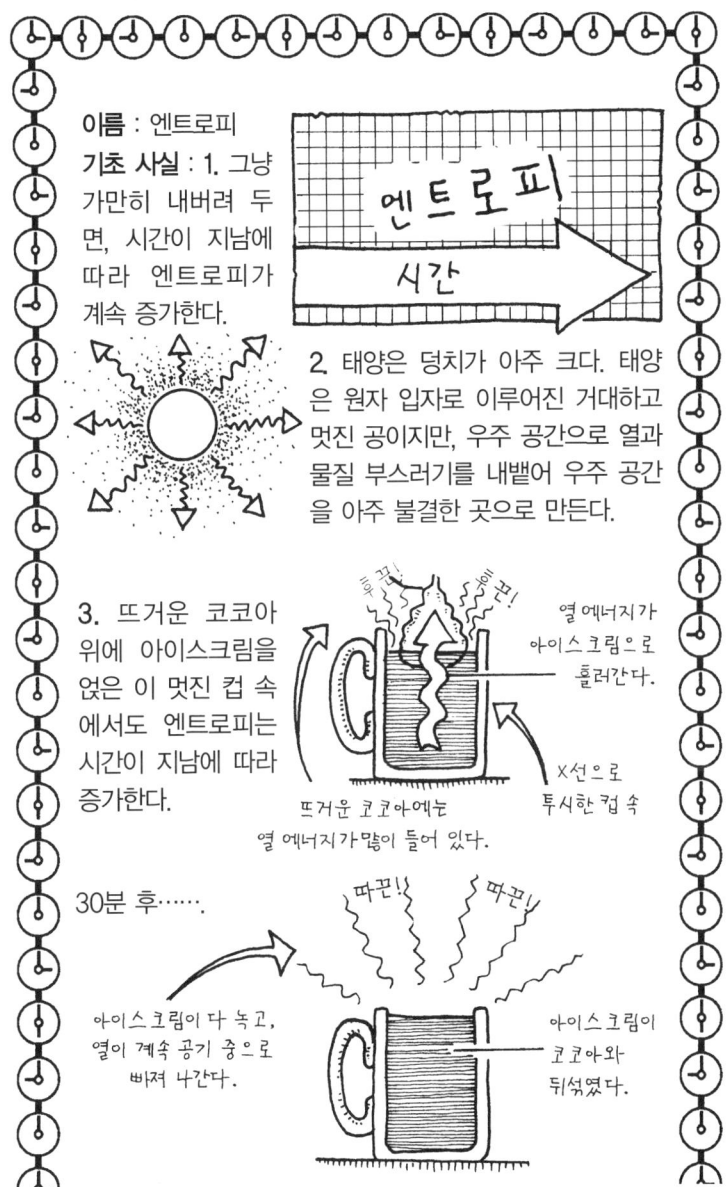

4. 엔트로피는 시간이 지날수록 증가하기 때문에, 엔트로피가 증가하는 것을 보고 시간의 방향을 알 수 있다. 돈조아 탐정은 깨졌던 컵이 저절로 들러붙는 것을 보고 시간이 거꾸로 흐른다는 사실을 알아챘다.

가만히 내버려 둘 경우 엔트로피가 감소하는 일은 절대로 없다. 지저분한 여러분 방이 저절로 깨끗해지지 않는 것도 이와 같은 이유 때문이다. 그러니 어서 가서 치우라고!

  엔트로피와 시간의 방향이 발견된 것은 과학에 큰 발전을 가져왔다. 그렇다면 그것을 발견한 과학자는 부와 명예를 거머쥐고 행복하게 잘 살아갔겠지? 글쎄, 과연 그럴까? 과학이 그렇게 멋지기만 하다면 얼마나 좋을까!

명예의 전당 : 루트비히 볼츠만(Ludwig Boltzmann; 1844~1906)

국적 : 독일

  루트비히 볼츠만은 턱수염을 기르고 몸집이 큰 사람이었는데, 몹시 운이 없었다. 물론 태어날 때부터 그랬던 것은 아니다. 선생님이 태어날 때부터 엄격하고, 과학자가 태어날 때부터 따분한 사람이 아닌 것처럼 말이다. 그렇지만 볼츠만은 자신이 참회 화요일(재의 수요일 바로 전의 화요일)이 아니라, 재의 수요일(사순절의 첫날. 포인트 조절 순절 기간에는 일요일을 제외한 40일 동안 금식을 한다. 재의 수요일은 이날 참회자 머리 위에 재를 뿌린 습관에서 유래된 이름이다.)에 태어난 이후로 줄곧 불행했다고 말했다. 실제로 그랬다. 손수건이 있거든 미리 꺼내 두는 게 좋을 것이다.

부유한 부모님 밑에서 편안하게 자란 볼츠만은 수학에 뛰어난 재능을 보였다. 볼츠만은 대학에 들어가서도 공부를 아주 잘해서 25세 때 교수가 되었다. 그리고 28세 때에는 기체 원자(원자란 물질을 이루는 아주 작은 입자를 말한다.)들이 어떻게 움직이는지 설명하는 이론을 만들었다.

과학 실험실에서 고약한 냄새를 풍기는 폭탄을 터뜨렸다고 상상해 보라. 볼츠만의 이론에 따르면, 냄새 물질 원자들은 가만히 있지 않고, 이리저리 휘젓고 다니면서 공기 중의 원자들과 뒤섞인다. 음, 그래서 냄새가 교실 전체로 퍼지는 거로군! 그러면서 엔트로피가 커진다.

★ 요건 몰랐을걸!

1. 볼츠만의 이론에 따르면, 따뜻한 방 안에 놓아 둔 아이스크림이 녹다가 갑자기 녹기를 멈추고 도로 어는 것도 가능하지만……그럴 확률은 아주 아주 아주 낮다고 한다. 또 누군가가 여러분의 아이스크림을 깔고 앉는다면, 녹은 아이스

2. 볼츠만은 자신이 발견한 이 이론에 담겨 있는 더 큰 의미에는 별로 관심이 없었다. 그는 과학을 연구하는 것만으로도 시간이 부족했기 때문에 철학 분야까지 파고들고 싶진 않았다. 게다가 유명한 철학자 이마누엘 칸트는 그의 이론에 대해 이렇게 조롱하기도 했다.

1877년에 볼츠만은 엔트로피를 나타낼 수 있는 수학을 생각해 냈다. 원자들의 운동이 무질서하게 변하는 것은 질서보다는 무질서가 생겨날 확률이 훨씬 높기 때문이다. 뜨거운 코코아가 들어 있는 컵 속에 넣은 아이스크림은 그대로 있을 확률보다는 녹을 확률이 훨씬 높다. 악취 폭탄에서 나온 고약한 냄새는 교실의 한쪽 구석에 가만히 머물러 있기보다는 교실 전체로 퍼질 확률이 훨씬 높다. 이번에는 볼츠만이 제대로 된 이론을 만든 것 같다. 과연 그럴까?

많은 과학자들이 볼츠만의 이론은 틀렸다고 생각했다. 볼츠만의 이론은 원자에 바탕을 둔 것이었는데, 당시만 해도 원자의 존재가 증명되지 않았고, 원자의 존재를 믿지 않는 과학자들도 많았기 때문이다. 과학자들에게 볼츠만의 이론은 멋진 패션 쇼를 준비할 때 나타난 옷좀나방만큼이나 반갑지 않았다. 친구를 잘 사귀지 못하는 볼츠만의 성격 역시 불리하게 작용했다. 목소리가 갈라진데다가 성격도 고약했고, 툭하면 말싸움을 벌이곤 했다. 그래서 그는 아주 별난 괴짜로 취급받았다. 못된 과학자들은 볼츠만을 집단적으로 따돌리기 시작했다.

가끔 과학은 끔찍한 것을 넘어 잔인하게 변하기도 한다. 볼츠만은 30년 동안 다른 과학자들의 멸시와 조롱을 받으면서 점점 불행해져 갔다. 또 위대한 이론을 만든 직후부터 그의 개인 생활도 틀어지기 시작했다. 어린 아들이 죽었고, 높은 자리에 지원했다가 물을 먹고 말았다. 한 학생의 증언에 따르면, 볼츠만이 너무나도 비탄에 빠진 나머지 가슴을 찢는 듯한 그의 신음 소리가 거리에까지 들렸다고 한다.

그러다가 1900년, 스위스 특허국 사무실에서 일하던 한 말단 공무원이 여자 친구에게 원자에 대한 볼츠만의 생각이 옳다고 말했다. 그리고 1905년에 그 이유를 설명했다. 그 젊은이의 이름은 알베르트 아인슈타인(1879~1955)이었는데, 그는 수학을 이용해서 원자가 '존재'한다는 것을 의심의 여지 없이 증명했다.

그러나 볼츠만은 그 논문을 읽어 보지 못했다. 그 무렵 그는 눈이 멀었고 편두통으로 고생하고 있었다. 게다가 한동안 미친 사람으로 취급되어 정신 병원에 갇혀 있기도 했다. 그의 아내인 헨리에타는 딸 이다에게 보낸 편지에서 이렇게 썼다.

아빠는 매일 상태가 나빠지고 있어.
나는 미래에 대한 자신감이 모두 사라졌단다.

볼츠만은 아내와 함께 휴가를 떠났다. 헨리에타는 수영을 하러 나갔다가 건조기에 넣은 남편의 빨랫감을 꺼내러 돌아왔다. 집에 도착한 헨리에타는 볼츠만이 자살한 것을 발견했다. 그때, 그의 나이는 62세였다.

볼츠만은 다음과 같은 글을 쓴 적이 있다.

나는 시간의 흐름에 맞서 싸우고 있는 한 개인에 불과하다는 사실을 잘 알고 있다.

그것은 섬뜩할 정도로 정확한 예언이었다.

시간은 볼츠만의 편이 아니었다. 만약 아인슈타인의 논문을 읽을 시간이 있었더라면, 그는 기분이 좀 풀렸을지도 모른다. 만약 아내가 조금만 일찍 집으로 돌아왔더라면, 볼츠만은 죽지 않았을지도 모른다. 만약 볼츠만이 1년만 더 살았더라면, 틀림없이 노벨상을 받고 그 천재성을 인정받았을 것이다.

자, 이제 그만 훌쩍이고 기분을 풀자. 다음 장에서는 우리가 시간을 어떻게 느끼는지 살펴볼 것이다. 여러분은 불쌍한 볼츠만처럼 살지 말고, 살아 있는 동안의 시간을 즐기도록 하라!

우리가 느끼는 시간

즐거운 일을 할 때에는 시간이 너무 빨리 흘러가는 것 같지? 좋아하는 컴퓨터 게임을 하거나 친구와 함께 인터넷 서핑을 즐기고 있을 때에는 시간이 그야말로 쏜살같이 날아가지 않는가? 반대로 치과 병원에서 '드르르르!' 하는 드릴 소리를 들으며 자기 차례를 기다리고 있을 때에는 시간이 왜 그렇게 더디 흐르는지!

어떤 일에 몰두할 때에는 시간이 흐르는 것을 잊어버리고, 별로 즐겁지 않은 일을 할 때에는 시간이 왜 빨리 흐르지 않나 하고 지겨워한다. 이 장에서 살펴보고자 하는 것이 바로 이것이다. 우리 인간과 동물 그리고 식물은 시간의 흐름을 어떻게 느끼는가 하는 것!

이것은 고도의 기술이다. 여러분이 도로를 건너려 하고 있다고 상상해 보라. 지금 거대한 화물차가 저쪽에서 여러분을 향해 달려오고 있는데, 아직 거리가 좀 있다. 그래서 지금 도로를 횡단해도 될 만한 시간이 있다고 판단한다. 휴! 다행히 여러분은 무사히 건너편에 도착했다! 그런데 여러분이 왜 차바퀴 밑에 깔리지 않았는지 궁금하게 생각한 적은 없는가? 그것은 여러분이 뇌에 내장된 타이머를 이용해 시간을 판단할 수 있는 능력 덕분이다. 그렇다고 내 말을 곧이곧대로 믿고 뇌 속에서 타이머를 꺼내려고 하지는 마라!

시간에 관한 X-파일

이름 : 생체 시계

놀라지 마세요!

이것이 여러분을 움직이게 하는 거지요.

기초 사실 :

1. 우리의 몸은 모래알만큼 작은 뇌 세포 덩어리를 사용해 시간을 잰다. 이 세포들은 재깍거리는 시계처럼 일정한 간격으로 신호를 발사한다.

2. 뇌에는 시간 감각 기능이 내장되어 있다. 뇌는 체온 조절, 배고픔 느끼기, 잠자기 등의 중요한 일을 24시간을 주기로 처리한다.

따뜻한 옷을 입어라! 배고프다. 먹어라! 가서 자!

3. 그 결과, 우리 몸은 체온이 상승하고 근육이 가장 튼튼해지는 때인 늦은 오후나 초저녁에 상태가 가장 좋다.

섬뜩한 비밀 : 새벽에는 몸 상태가 가장 좋지 않다. 심장마비나 사망도 이 시간에 일어날 가능성이 높다.

★ 요건 몰랐을걸!

빛이 전혀 들어오지 않는 캄캄한 동굴 속에 시계도 없이 갇힌다면 재미있겠지? 시간을 알려 주는 실마리가 전혀 없는 상황에서 우리 몸이 어떻게 대처하는지 알아보기 위한 실험에 자원한 사람들이 바로 그랬대! 1989년, 스테파니아 폴리니는 미국 뉴멕시코 주에 있는 '로스트 동굴' 속으로 들어가 18주일 동안 살았다. 얼마 지나지 않아 그녀의 몸은 28시간을 하루로 여겼다. 6주일이 지나자 그녀는 시간 감각을 완전히 잃어버렸고, 30시간 동안이나 계속 깨어 있기도 했다. 하루가 길어진 것이 건강에는 아무 해도 끼치지 않는 것처럼 보였지만, 그녀는 기분이 울적해져서 생쥐나 개구리와 이야기를 하면서 기분을 달랬다고 한다.

음, 이제 나는 충분히 이야기했어. 자, 다음에 이야기할 동물?

이 실험은 우리 몸이 생체 시계를 맞추기 위해서는 빛과 어둠이 필요하다는 사실을 보여 준다. 그리고 아래에서 설명하겠지만, 뇌는 나름의 독특한 방법으로 빛을 감지한다.

소름 끼치는 과학 용어

과학자 왈,

> 난 일주기 리듬을 연구하고 있어.

그럼, 여러분은 이렇게 말하겠지?

> 와우! 그건 또 무슨 리듬인가요? 할아버지가 음악도 하세요?

답 : 과학자들에게 웨이 이게 웃어서가 아니다. 그들에게 말해 준다면 리듬은 일상이 어뚠과 밝음(해돋이)과 함께 매일 일어나는 것이다. 몸이 깨어나는 리듬은 24시간 동안 일어난다.

음, 지금 여러분의 일주기 리듬이 최고조에 이르렀길 바란다. 왜냐고? 퀴즈 풀 시간이거든!

생체 시계에 관한 퀴즈

1. 뇌는 빛을 감지하여 어두워지면 졸리게 만드는 물질을 만들어 낸다. 그러나 북극 지방에서는 겨울에 몇 달 동안 밤만 계속되는데, 이때 종종 잠을 자지 못하는 증상이 나타날 수 있다. 이러한 증상을 뭐라고 할까?

2. 빛을 감지해 우리가 밤에 잠자도록 졸음을 일으키는 물질을 만들어 내는 뇌 부위의 이름은?

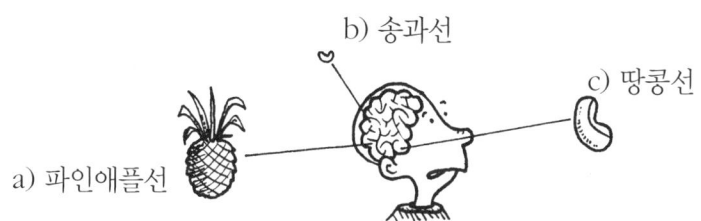

3. 우리 몸은 일주기 리듬 외에도 과학자들이 정확하게 알지 못하는 다른 주기에 따라 움직인다. 병균과 싸우는 능력이 최고조에 이르는 시기는 얼마마다 돌아올까?

4. 오랫동안 비행기를 타고 나면 우리 몸의 일주기 리듬이 밤낮과 일치하지 않게 되는 증상을 뭐라고 할까?

답 : 1. b) 영어로 'big eye'는 북극 지방에서 밤이 계속되는 동안 생기는 불면증을 말한다. 2. b) 송과선(松科腺)은 뇌의 한가운데에 위치하고 있지만, 눈 뒤쪽에 있는, 빛에 민감한 화학 물질로부터 신호를 받는다. 뉴질랜드에 사는 투아타라라는 도마뱀은 송과선이 머리 꼭대기에 있는 세 번째 눈에 연결되어 있다. 이것은 정말로 기막힌 아이디어처럼 들리긴 하는데, 안경을 맞추려면 어떻게 해야 하나? 3. a 4. c) 먼 외국에 가면 시차증 때문에 밤이 되었는데도 잠이 오지 않는다.

비행기 여행으로 인한 시차증 이야기가 나왔으니, 시차증을 극복하는 데 효과가 있는 방법을 알아보자. 아래 여행기는 어떤 사람이 실제로 겪었던 일을 토대로 작성한 것이다.

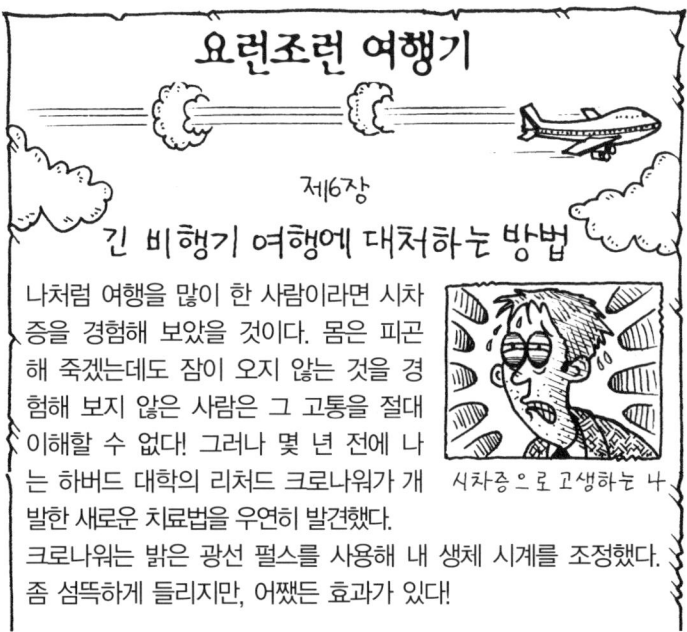

요런조런 여행기

제6장
긴 비행기 여행에 대처하는 방법

나처럼 여행을 많이 한 사람이라면 시차증을 경험해 보았을 것이다. 몸은 피곤해 죽겠는데도 잠이 오지 않는 것을 경험해 보지 않은 사람은 그 고통을 절대 이해할 수 없다! 그러나 몇 년 전에 나는 하버드 대학의 리처드 크로나워가 개발한 새로운 치료법을 우연히 발견했다.
크로나워는 밝은 광선 펄스를 사용해 내 생체 시계를 조정했다. 좀 섬뜩하게 들리지만, 어쨌든 효과가 있다!

시차증으로 고생하는 나

미국에서 영국으로 비행기를 타고 가는 동안 내가 해야 할 일은 아침 햇살을 피하는 것뿐이다. 나는 용접공이 쓰는 고글이 떠올라 그것을 썼다. 런던의 히스로 공항에 도착했을 때, 나는 사람들의 눈길을 느끼며 우쭐했다. 내가 유명한 영화 배우라도 된 것처럼 말이다. 나는 미소를 띠고 손을 흔들면서 유유히 공항을 나갔다. 그런데 경찰에게 체포되고 말았다. 나를 테러 분자라고 생각한 것이다.

과학자 골려 주기

다음에 과학자를 만날 기회가 있거든 가까이 다가가서 어깨를 툭툭 치면서 이렇게 물어보라.

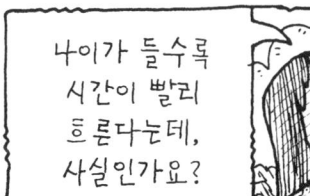

나이가 들수록 시간이 빨리 흐른다는데, 사실인가요?

답 : 그렇죠, 음. 확실하지는 않지만, 대체적으로 그렇죠. 나이가 들수록 사람들은 시간이 빨리 흐른다고 느끼죠. 아이가 주로를 느끼지 못하게 된다면, 왜냐하면 많은 사람은 나이에 따라 빨리 흐른다는 것을 증명해 냈습니다.

어느 실험에서 사람들에게 두 종류의 장단을 들려주고, 어느 쪽이 더 빠른지 말하라고 시켰다. 어린이들은 빠른 장단들 사이의 차이를 잘 집어냈고, 나이 든 사람들은 느린 장단들 사이의 차이를 잘 집어냈다. 어린이는 나이 든 사람보다 뇌가 더 빨리 돌아가기 때문에 시간이 더 느리게 흐르는 것으로 느끼는 것 같다. 그래서 어린이들은 과학 시간이 한없이 길게 느끼는 반면, 그것을 가르치는 늙은 선생님은 수업 시간이 너무 짧다고 느끼는 것은 아닐까?

> ★ 요건 몰랐을걸!
>
> 파리처럼 동작이 빠른 동물은 어린이보다도 시간이 훨씬 느리게 흐른다고 느낄지 모른다. 어떤 과학자들은 파리가 텔레비전을 볼 때, 파리의 뇌가 아주 빨리 움직이기 때문에 텔레비전에서 지나가는 화상들 사이의 검은 부분까지 볼 수 있다고 생각한다. 텔레비전에서는 1초에 15장의 정지 사진이 지나가는데, 우리의 둔감한 뇌는 그것들을 결합하여 연속적으로 움직이는 동작으로 보고, 그 사이사이에 있는 검은 부분은 보지 못한다. 그러나 파리는 그것을 볼 수 있다는 것이다.

그런데 동식물은 사람보다 시간을 더 정확하게 안다. 심지어 그런 동식물을 시계로 사용할 수 있을 정도로! 그럼, 잠깐 광고 말씀 전하고, 다시 이야기하기로 하자.

앗, 이렇게 재미있는 과학이!

흥미로운 골동품 시계 가게

(애완동물 코너)
똑딱똑딱 소리가 지겨워서 더 이상 못 듣겠다고요?
시간을 알려 주는 애완동물을 하나 구입해 보세요.

굴 시계

이 시계는 매 시간 최대 4분간 입을 벌립니다. 단, 밀물 때에만 사용 가능하답니다. 굴은 기상천외한 달 감지기로 달의 중력을 느낍니다. 달은 밀물과 썰물을 일으키면서 여러분의 굴시계에게 밀물 또는 썰물 때가 되었음을 알려 줍니다. 이 굴 시계만 있으면 세상에 부러울 것이 없지요!

유익한 정보 : 만약 굴 시계가 마음에 들지 않는다면, 그 내용물을 꺼내 마늘 소스에 찍어 냠냠 맛있게 먹을 수도 있습니다.

초파리 자명종 시계

아침마다 일어나는 데 애를 먹는다고요? 그렇다면 초파리 자명종 시계를 한번 써 보세요. 이 조그마한 곤충은 새벽녘에 첫 비행에 나선답니다. 어둠 속에서 죽 살아왔고, 그 아버지의 아버지의 아버지도(이렇게 해서 15세대까지 거슬러 올라간다 해도) 햇빛을 본 적이 전혀 없는데도 말입니다!

주의 사항 : 아침이 되면 친절하게도 초파리가 여러분의 콧구멍 속으로 들어가 잠을 깨워 줄 것입니다. 또 물컵에 빠져 죽거나 콘플레이크 그릇 속에서 헤엄을 치기도 할 것입니다. 그렇지만 우리에게 초파리를 잡아 달라고 하진 마세요. 우린 출장 서비스는 제공하지 않거든요.

웅웅거리는 꿀벌 시계

매일 아침 잼을 밖에다 내놓으면 매일 시계처럼 정확하게 같은 시간에 꿀벌들이 몰려와 그것을 살펴볼 것입니다.

주의 사항 : 무엇보다 좋은 점은 여러분의 호주머니에 전혀 부담을 주지 않는다는 사실이죠! 그렇지만 여러분의 몸에는 따끔한 고통이 따를지도 모릅니다.

원예를 좋아하신다면

우리의 식물 시계가 정확한 시간을 알려 드립니다.

이 식물들은 냄새가 아주 향기롭지만, 가격은 여러분에게 약간 부담스러울 수 있습니다.

그 밖에 좀 더 색다른 시계를 원하신다면

감자 시계를 한번 써 보세요. 이것은 그냥 아무 특징 없는 평범한 감자처럼 보이지만, 그 '눈'에서는 오전 7시, 정오, 오후 6시에 산소 기체를 더 많이 내뿜고, 밤에는 덜 내뿜습니다. 심지어 빛이 늘 일정한 세기로 비쳐 시간을 전혀 가늠할 수 없는 장소에서도 정확하게 똑같은 방식으로 활동하며 시간을 알려 줍니다.

주의 사항 : 실리콘 칩은 전혀 없음(그렇지만 포테이토칩은 많이 들어 있답니다)!

특별히 과학적 호기심이 많은 사람을 위한 충고

음, 이 시계들이 어떻게 작동하는지 그 원리를 알고 싶어 몸이 쑤신다고요? 오, 이런! 그건 과학자들도 잘 몰라요. 시간이 지남에 따라 일부 유전자의 스위치가 켜졌다 꺼졌다 하기 때문인지도 몰라요. 유전자는 살아 있는 세포 속에 들어 있는 DNA로 이루어진 화학적 설계도인데, 세포에게 언제 어떻게 자라라고 지시하지요.

지금까지 살펴보았듯이, 우리 인간은 시간의 흐름을 비교적 잘 알지만, 그래도 더 정확하게 알려면 시계가 필요하다. 1주일이나 1개월, 1년 혹은 그보다 더 긴 시간을 알기 위해서도 꼭 시계가 필요하다. 시계와 함께 일기장이나 달력이 있다면 더욱 도움이 된다. 그런데 달력은 어떻게 만들어졌을까?

달력을 둘러싼 이런저런 이야기

달력이라고 하면 여러분은 예쁜 고양이 사진이 실려 있어 할머니에게 선물하기에 좋은 인쇄물을 생각할지도 모르겠다. 뭐, 여러분 생각도 틀린 것은 아니다. 그러나 달력 때문에 많은 사람들이 골치를 썩이고, 서로 자기 것이 옳다고 싸움을 벌이고, 심지어 서로를 죽이기까지 했다는 사실은 모르지?

달력은 어떻게 시작되었을까?

옛날 옛적에, 그러니까 자전거나 변기나 텔레비전이 발명되기 훨씬 이전에, 사람들은 날이 가고 계절이 변하는 것을 기록해야 할 필요성을 느끼게 되었다. 당시 사람들은 동물 가죽으로 만든 옷을 입고 동굴 속에서 살았고, 구부정한 자세로 걸어다녔다. 그들은 겨울이 언제 끝날지, 언제 매머드를 많이 사냥할 수 있을지 알고 싶어 했다.

그러다가 결국 그들은 시간을 잴 수 있는 방법을 발견했다. 어떻게? 우리는 동굴 속에서 살아가던 똑똑한 원시인에게 그 방법을 물어보았다.

- 여름에는 태양이 북동쪽에서 떠서 북서쪽으로 진다. 낮의 길이는 길고, 햇볕은 뜨겁다.

- 봄과 가을에는 태양이 동쪽에서 떠서 서쪽으로 진다. 정오에 하늘 높이 뜬 태양의 위치는 여름 때보다 낮다.

- 겨울에는 태양이 남동쪽에서 떠서 남서쪽으로 진다. 낮의 길이는 짧고, 날씨는 춥다. 동굴에서 살던 사람들은 나름대로 따뜻한 내복을 챙겨 입었을 것이다. 맞다! 비록 까칠까칠하고 패션도 엉망이었지만, 매머드 가죽으로 만든 속옷을 입었다!

한 해가 지나가는 것을 표시할 때 중요한 이정표가 되는 특별한 날이 네 개 있다.

- 하지는 1년 중 낮의 길이가 가장 긴 날이다(6월 21일경).* 태양이 하루 중 하늘에서 가장 높은 위치에 있을 때를 남중 고도라 하는데, 대체로 정오 무렵이다. 1년 중 태양의 남중 고도가 가장 높은 날이 하지다.
- 동지는 1년 중 낮의 길이가 가장 짧은 날이다(12월 21일경).* 1년 중 태양의 남중 고도가 가장 높은 날이 동지다.
- 춘분(3월 21일경)과 추분(9월 21일경)은 1년 중 밤낮의 길이가 거의 같은 날이다.

* 남반구에서는 여름과 겨울이 북반구와는 반대이므로, 하지와 동지도 반대가 된다.

그런데 왜 낮의 길이가 계절에 따라 달라지는지 궁금하지 않은가? 설마 동굴에서 살던 원시인들에게 오늘이 1년 중 언제쯤인지 알려 주려고 그런 것은 아니겠지?

낮의 길이가 계절에 따라 달라지는 것은 지구가 약간 옆으로 기울어져서 자전하기 때문이다.

지구는 태양 주위를 돌고 있는데, 한 바퀴 도는 데 1년이 걸린다.

태양 주위를 도는 중에 지구의 북반구와 남반구는 태양을 향해 더 가까운 쪽이 교대로 바뀌게 된다. 그래서 오스트레일리아가 여름일 때 라플란드(유럽의 최북단 지역)는 겨울이 되는 것이다.

곧 사람들은 정오에 태양이 하늘에 떠오르는 높이가 그 전해와 정확하게 똑같아질 때 1년이 지났다는 사실을 알게 되었다.

그렇지만 1년보다 짧은 시간 단위도 측정해야 할 필요가 있었다. 왜냐고? 시간을 년 단위로만 셀 수 있다면 어떤 일이 일어날지 상상해 보라! 버스와 기차도 1년에 한 번밖에 달리지 못할 것이고, 휴일도 1년에 하루밖에 없을 것이고, 사람들 중에는 침대에서 1년 내내 빈둥거리는 사람도 있을 것이다.

다행히도 자연은 1년을 더 작은 단위로 나눌 수 있는 편리한 방법을 가르쳐 주었다. 그게 무엇인지 짐작이 가는가? 힌트를 주겠다. 뭐, 여러분이 직접 달에게 물어볼 수는 없겠지만, 그래도 도움은 될 것이다.

그렇다! 달은 대략 한 달에 한 번씩 지구 주위를 돈다. 매일 밤하늘에 뜨는 달의 모양을 관찰해 보면, 초승달에서 보름달이 되었다가 차차 작아져 그믐달을 거쳐 다시 초승달이 되는 것을 볼 수 있다.

달은 왜 주기적으로 커졌다 작아졌다 할까?

직접 해 보는 실험 : 달은 왜 모양이 변할까?

준비물 :

초승달(하늘 어딘가에서 찾아 보라)

달력이나 일기장

나침반

실험 방법 :

1. 초승달의 날카로운 끝부분이 어느 방향을 가리키고 있는지 확인하라.
2. 2주일 후에 다시 초승달을 바라보라.

초승달은 어떤 모양을 하고 있는가?

a) 끝부분이 2주일 전과는 반대 방향을 향하고 있다.

b) 끝부분이 2주일 전과 똑같은 방향을 향하고 있다.

c) 끝부분이 크게 미소 짓는 입처럼 위쪽을 향하고 있다.

답 : a) 달은 끊임없이 모양을 바꾸며 지구 주위를 돈다. 보름에서 초승달이 될 때까지 달은 점점 줄어들며(기울며) 초승달에서 보름달이 될 때까지 달은 점점 커진다(차오른다). 용 그믐 때에는 달이 완전히 사라지기도 한다. 북반구에서 볼 때 하현달(기우는 달)은 늘 C자 모양이고 상현달(차오르는 달)은 D자 모양이다.

특별 보너스 문제를 하나 더 내겠다. 그믐달 직후에 달이 전혀 보이지 않는 날이 하루나 이틀 정도 있다. 도대체 달에 무슨 일이 일어난 것일까?

   a) 달이 지구에서 너무 멀리 떨어져 있어서 보이지 않는 것이다.
   b) 달이 햇빛을 전혀 받지 못하는 곳에 있어서 보이지 않는 것이다.
   c) 달이 낮에만 뜨기 때문에 보이지 않는 것이다.

답 : c) 저녁노을 때문에 달이 떠 있어서 달이 보이지 않는다.

자, 이제 달이 지구 주위를 돈다는 것도 알았고, 언제 새로 초승달이 시작되는지도 알았다. 그렇다면 초승달이 새로 시작되는 때를 한 달이 시작되는 때로 삼으면 될 것 같다. 옛날 사람들도 그렇게 생각했다.

그런데 옛날 사람들이 쓰던 달력은 1만 3000년 전에 프랑스 지역에 살던 독수리들에게 끔찍한 고통을 가져다주었다. 과학자들은 독수리 뼈에 이상한 자국이 새겨져 있는 걸 발견했는데, 그것은 바로 달의 모양 변화를 기록해 놓은 것이었다.

그런데 항상 삐딱하게 반대 의견을 내는 사람들이 있다! 그들은 그것이 그저 우연히 긁힌 자국에 불과하다고 주장했다.
 그런데 정말로 쇼킹한 소식이 기다리고 있다!
 사람들은 수천 년 이상 달의 모양을 보고 날짜의 흐름을 계산해 왔다. 달은 언제 씨를 뿌리고 수확을 해야 하는지, 언제 세금을 내야 하는지 알려 주었다. 그렇지만 실은 수많은 사람들이 이러한 일들을 엉뚱한 날에 하고 있었다. 달이 그들을 감쪽같이 속였기 때문이다. 그 이유는 다음과 같다.

 2000년에 지구가 태양 주위를 한 바퀴 도는 데 걸린 시간은 365일 5시간 48분 45초였다. 반면에, 달이 지구 주위를 한 바퀴 도는 데 걸린 시간은 29일 12시간 44분 2.9초였다. 이걸 한 달로 삼아 여기다 12를 곱하면 354일이 조금 넘는다. 따라서 해마다 11일 정도 날짜가 앞당겨지게 된다(이 사실은 이미 고대 중국과 그리스 등 많은 나라 사람들이 알고 있었다).
 모자라는 날짜 수를 어떻게든 채워 넣지 않으면 몇 년 지나지 않아 달력과 계절이 전혀 맞지 않게 된다. 그래서 고대 바빌로니아인(오늘날의 이라크 지역에 살던 사람들)과 그리스인과 로마인은 몇 년에 한 번씩 모자라는 날들을 모아 1년 열두 달에 한 달을 추가하였다. 되게 복잡하게 들린다고? 여러분 생각이 맞다!

나는 수천 년에 동안 전 세계 각지에서 만들어진 수많은 종류의 달력을 다 이야기해 줄 수도 있다. 그렇지만 그냥 참기로 했는데, 그 이유는 다음과 같다.

a) 여러분이 재미없어 할까 봐.
b) 그렇게 하면 이 책의 분량이 1596쪽이나 될 텐데, 아마 설레발 씨 같은 괴상한 달력 광이나 읽을 것이다.

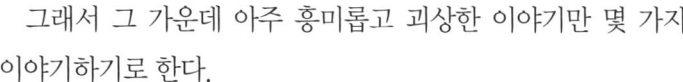

그래서 그 가운데 아주 흥미롭고 괴상한 이야기만 몇 가지 이야기하기로 한다.

달력에 얽힌 기상천외한 이야기

1. 기독교, 유대교, 이슬람교, 힌두교에서 사용하는 종교력은 아직도 음력에 바탕을 두고 있다. 부활절을 춘분 다음의 첫 보름달 이후에 돌아오는 첫 번째 일요일로 정한 것도 이 때문이다.

2. 1주일이 7일로 정해진 데에는 과학적인 이유가 전혀 없다. 고대 바빌로니아인이 7이라는 수를 좋아해서 그렇게 정해진 것으로 보인다.

3. 달력을 최초로 언급한 기록은 기원전 800년에 그리스 시인 헤시오도스가 쓴 시에 나온다. 이 시인은 1년 동안에 자기가 해야 할 모든 일을 일일이 적었는데, 아무 일도 하지 않는 동생을 나무라기 위해서였다. 게을러 터진 동생은 여러분 집에만 있는 게 아닌 모양이다.

4. 고대 아스텍족의 달력은 52년을 주기로 만들어졌는데, 52년이 지나면 시간이 죽는다고 믿었기 때문이다. 세상이 끝나는 것을 막기 위해 아스텍족의 사제들은 제물로 바쳐진 사람의 가슴에서 팔딱팔딱 뛰는 심장을 꺼내 불에 태웠다.

고대 로마인의 엉터리 달력

고대 로마에서는 사제가 달력을 취급했다. 기원전 304년까지 사제 외에는 아무도 달력을 볼 수 없었다. 그러다가 한 용감한 반역자가 달력을 한 부 훔쳐 사람들에게 보여 주고 나서부터 법이 완화되었다.

> ★ 요건 몰랐을걸!
>
> 고대 로마인은 기원전 753년에 September(9월), October(10월), November(11월), December(12월)라는 달의 이름을 만들어 냈다. 이것들은 당시에는 각각 7월, 8월, 9월, 10월을 뜻했다. 정말 대단하지? 그런데 방금 "잠깐만!"이라고 소리친 사람이 누구야? 오늘날 September는 9월인데 당시엔 어째서 7월이었냐고? 음, 그것은 고대 로마인이 50년 뒤에 1년을 열두 달로 바꾸면서 옛날에 사용하던 달의 이름을 그대로 사용했기 때문이다. 그래서 서양에서는 지금도 그 잘못된 이름을 그대로 사용하고 있다!

그런데 고대 로마인에게는 그것보다 훨씬 심각한 고민이 생겼다. 사제들은 필요할 때마다 1년에 한 달을 추가하곤 했다. 만약 이런 제도가 지금도 있다면, 학교나 일터에서 난리가 일어나지 않을까?

율리우스력

몇 년에 한 번씩 한 달을 추가하는 것만으로는 달력과 실제 시간을 정확하게 맞추기가 힘들었고, 결국 기원전 46년에 이르자 달력이 계절과 전혀 맞지 않게 되었다. 사람들은 언제 추수를 하고, 세금을 내야 할지 헷갈리게 되었다. 그렇지만 난세에 영웅이 나온다고 했던가? 로마의 위대한 장군이자 영웅인 율리우스 카이사르(기원전 100~기원전 44)가 등장한 것이다.

* August(8월)는 카이사르의 똑똑한 사촌 아우구스투스(기원전 63~기원후 14)의 이름에서 딴 것이다.

새 달력은 아주 잘 들어맞는 것처럼 보였다. 그러나 한 가지 문제가 있었다. 1년의 길이가 실제로 지구가 태양 주위를 한 바퀴 도는 시간보다 11분이 더 길었던 것! 그 정도면 별 문제가 될 것 같지 않은데, 왜 문제라고 할까? 예컨대, 친구가 약속 시간보다 11분쯤 늦었다고 해서 크게 문제가 되진 않잖아? 문제는 1년이 지날 때마다 그 11분이 계속 쌓여 간다는 거지. 그러니까 134년이 지나면 하루의 차이가 나게 되는 것이다. 그리고 1500년이 지나면 무려 11일의 차이가 생긴다. 그래서 세월이 좀 흐르자, 크리스마스와 부활절은 물론이고 자기 생일까지도 모두 엉뚱한 날에 지내게 되었다.

사실, 그 후 1300년 동안 날짜가 잘못되었다고 의심한 과학자는 상당히 많았다. 전문가들도 교황에게 그 나쁜 소식을 전했다(잘못된 이 일을 바로잡을 수 있는 권한을 가진 사람은 교회의 우두머리인 교황뿐이었다). 그런데 그런 전문가들 중에는 이름이 괴상한 사람들도 있었다. 예를 들면, 말더듬이 노트케르, 후추 열매 노트케르, 두꺼운 입술 노트케르란 이름을 가진 사람들이다(서로 아무 관계도 없음).

그 가운데 가장 유명한 전문가는 로저 베이컨(1214~1292)이라는 수도사였다. 로저 베이컨에 관한 이야기는 얼마든지 들려줄 수 있지만, 그러지 않기로 한다. 방금 전에 내가 읽은 로저 베이컨에 관한 책은 그의 절친한 친구가 쓴 것으로, 오랫동안 알려지지 않고 파묻혀 있었다. 그런데 이것은 순전히 지어 낸 이야기일 가능성도 있다.

로저 베이컨
전설 뒤에 가려진 실체
— 에그 수사 씀

베이컨! 그 이름만 불러도 나는 군침이 돈다. 왜 사람들은 나처럼 제대로 된 이름을 쓰지 않을까?
그렇지만 사람들은 내가 수사 중에서 제일 똑똑하다고 이야기하지 않는다. 수사들은 나를 '반쯤 깨진 에그'라고 부르는데, 난 도대체 그 이유를 알 수 없다. 에그(egg)가 무슨 뜻인지는 다들 알겠지?
어쨌든 여기서 내 이야길 하려는 건 아니다.
나는 여러분에게 내 친구 로저 베이컨의 가면을 벗겨 보여 주려고 한다.
우리 대장인 수도원 부원장은 베이컨을 좋아하지 않는다. 물론 베이컨도 부원장을 좋아하지 않는다. 베이컨은 자신이 젊은 수사들을 세상에서 가장 잘 가르칠 수 있다고 생각하는데, 우리 대장은 그게 마음에 들지 않는 거다.

그래서 베이컨은 항상 모두가 싫어하는 지저분한 일들을 해야 했다. 음, 친구인 나는 베이컨이 변기를 광이 나게 닦고 있을 때, 방해가 되지 않게 멀찌감치 피해 주었다.
그러던 어느 날, 아마 그 해가 1266년이었지, 베이컨은 편지를 한 통 받고 나서는 씩 미소를 지었다. 기(Guy)라는 이름의 옛 친구가 새 교황으로 선출된 것이다!
새 교황은 베이컨이 알고 있는 모든 생각을 자신에게 말해 주길 원했다! 그런데 베이컨은 그때까지 자신의 생각을 정리해 놓은 글이 하나도 없었다. 그 동안 돼지우리를 청소하고, 다른 수사의 발톱을 깎아 주느라 너무

바빴기 때문이다.

그래서 베이컨은 글을 쓰는 데 몰두했는데, 이번에는 부원장도 뭐라고 하지 못했다. 신의 대리인인 교황의 말 한 마디면 게임은 끝난 것이다! 베이컨은 2년 동안 밤낮으로 매달린 끝에 마침내 저서를 완성했다. 그것은 대단히 두꺼운 책이었다! 내가 그것을 내 발등에 떨어뜨려 봐서 잘 안다.

"제목을 뭘로 달까, 얼간아?" 베이컨이 물었다.

베이컨은 나를 부를 때마다 이렇게 친근한 애칭을 사용한다. 하기야 그에겐 내가 제일 친한 친구니까.

"음, 이건 정말 대작이로군." 나는 발가락을 호호 불면서 이렇게 말했다.

"그래, 그것 참 마음에 드는군!" 베이컨은 이렇게 말하면서 나를 쾅 쳤다. 그 바람에 나는 바닥 위에 쭉 뻗고 말았다.

실제로 베이컨은 그 책의 제목을 라틴어로 '대작'이란 뜻으로 '오푸스 마유스'(Opus Majus)라고 지었다. 솔직하게 말해 나는 그 책 속에 무슨 내용이 적혀 있는지 모른다. 분량이 엄청난데다 그림이 하나도 없고, 게다가 나는 아직 책을 펼쳐 보지도 않았기 때문이다. 그렇지만 거기서 날짜가 제대로 일치하지 않는 엉터리 달력을 내버려 두고 있다고 교회를 비난한 것만큼은 알고 있다. 베이컨은 1년이 지날 때마다 달력이 11분씩 실제 시간과 어긋나고 있으며, 그래서 지금 우리는 부활절을 엉뚱한 날에 지내고 있다고 주장했다.

어쨌든 베이컨은 자기가 쓴 책 한 부를 하인인 존에게 주면서 로마에 있는 교황에게 가져다주라고 말했다. 존은 도중에 도둑에게 홀라당 털릴

뻔한 일도 여러 번 겪었지만, 결국 로마까지 가는 데 성공했다. 문제는 그 동안에 교황이 죽어 버렸고, 아무도 베이컨의 책을 읽으려 하지 않았다는 것이다.
맹렬한 싸움닭 같은 성격을 가진 내 친구 베이컨이 어떻게 했을 것 같은가? 그는 교회의 높은 사람들에게 편지를 써서 그들이 달력뿐만 아니라 그 밖의 많은 일도 잘못하고 있다고 말했다. 그제야 높은 사람들도 베이컨의 말에 귀를 기울였다. 그래서 어떻게 했느냐고? 베이컨은 감옥에서 15년을 썩어야 했다.
마침내 베이컨이 감옥에서 나왔을 때, 그는 새카맣게 타 버린 베이컨 조각처럼 맛이 간 상태였다. 불쌍하게도 그는 얼마 지나지 않아 죽었고, 사람들은 모두 그를 잊었다. 단 한 사람, 그의 진정한 친구, 나 에그 수사만 빼고.

물론 베이컨의 주장이 옳았다. 비록 교회의 힘이 막강하긴 했지만, 그렇다고 지구가 움직이는 방식을 바꿀 수는 없었다. 1582년이 되자, 달력이 실제 날짜와 2주일이나 차이가 났고, 문제가 점점 심각해졌다. 나중에는 이런 일이 일어날 수도 있었다.

★ 요건 몰랐을걸!

1. 1년의 길이를 정확하게 계산한 것은 유럽 밖의 과학자들이었다. 아랍의 과학자 바타니(850~929)는 천문 관측 결과를 토대로 하여 1년의 길이를 28초 이내의 오차로 정확하게 측정했다.
2. 중앙아시아 티무르 제국의 군주인 울루그 베그(1394~1449)는 천문학에 큰 관심을 가진 끝에, 과학 선생이 되겠다는 괴상한 야심을 품었다(정말 별종이다!). 그래서 직접 대학을 세워 거기서 과학을 가르쳤으며, 별을 연구하려고 개인 천문대까지 세웠다. 울루그 베그는 아주 훌륭한 천문 관측자여서, 1년의 길이를 29초 이내의 오차로 정확하게 측정했다. 그런데 불행하게도, 아들 녀석은 아버지하고는 전혀 딴판이었다. 그는 아버지에게 자객을 보내 머리를 쪼개 죽였다.

한편, 유럽에서는 세계에서 손꼽히는 영웅 중 한 명이 막 태어나려 하고 있었다. 그는 미키 마우스보다 더 유명해야 마땅하지만, 안타깝게도 그의 정확한 이름이 무엇인지에 대해서도 의견이 분분하다.

명예의 전당 : 루이지 릴리오(Luigi Lilio; 1510~1576) 혹은 알로시우스 릴리우스(Aloysius Lilius; 이것은 라틴어 이름임)

국적 : 이탈리아

여러분이 "루이지 릴리오가 도대체 누구야?"라고 말하더라도 아무도 여러분을 나무라진 않을 것이다. 장담하건대, 이 책을 읽는 독자 중 99.99999%는 이 이름을 한 번도 들어 본 적이 없을 테니까. 어떤 사람은 별것도 아닌 일(잔디밭에서 축구를 하며 놀거나 노래를 몇 곡 부르거나 영화에 몇 편 출연하는 것 등)로 엄청난 명성을 누리는 반면, 루이지 릴리오는 그가 이룬 큰 업적에 비해 믿을 수 없을 정도로 전혀 이름이 알려지지 않았다. 그의 업적은 우리의 일상생활에 큰 영향을 미칠 만큼 대단한 것이었다.

그는 오늘날 우리가 사용하는 것과 같은 달력을 만들었다.
그러면 그것을 어떻게 만들었는지 알아보자.
릴리오는 의사와 대학 교수로 일하다가 은퇴하여 이탈리아 남부 지방에서 조용하게 살아가고 있었다. 그러다가 1570년대 초반에 그에게 놀라운 생각이 떠올랐다.

흥분에 휩싸인 그는 즉시 자기 머리에 떠오른 생각을 책으로 썼다. 그러고는 여장을 꾸려 로마로 간 뒤 교황에게 자기 생각을 이야기하고 나서 얼마 후 세상을 떠났다.

그렇다면 이야기는 다 끝났군 하고 생각하기 쉬울 것이다. 그 똑똑한 베이컨의 말에도 귀를 기울이지 않던 사람들이 시체가 된 릴리오의 말에 귀를 기울이겠는가? 그러나 루이지 릴리오에겐 비밀 병기가 있었는데, 바로 동생인 안토니오 릴리오였다. 안토니오는 교황과 주요 인사들을 상대로 형의 생각을 진지하게 받아들이도록 집요하게 설득한 끝에 마침내 1578년에 성공을 거두었다.

교황 그레고리우스 13세(1502~1585)는 최고의 교황은 아니었다. 백성들에게 무거운 세금을 매겼고, 그렇게 거둬들인 돈을 성대한 축하연을 열거나 웅장한 건물을 짓는 데 흥청망청 썼다. 그렇지만 달력 문제를 바로잡은 것은 잘한 일이었다. 정확하게 말한다면, 교황이 직접 그 일을 한 것은 아니고, 독일 천문학자 크리스토퍼 클라비우스(1537~1612)가 이끄는 팀에게 그 일을 맡겼다. 그들은 루이지 릴리오가 주장한 계획을 지지했다.

릴리오의 계획에는 큰 장점이 하나 있었는데, 간단하고 상식적이라는 것이었다. 음, 다시 생각해 보니 장점이 하나 더 있군. 릴리오에게 직접 들어 보기로 하자.

지금 달력에서 10일을 없애야 합니다. 그래야 부활절을 제 날짜에 지낼 수 있어요. 그리고 4년마다 돌아오는 윤년을 400년에 세 번은 없애야 이런 오류를 막을 수 있습니다!

어, 이것 좀 설명해 줄래요, 설레발 씨?

그러니까 끝 두 자리가 00으로 끝나는 해 중에서 400으로 나누어 떨어지지 않는 해는 윤년이 아니라는 이야기지요. 즉 2000년은 윤년이고, 1900년은 윤년이 아닙니다. 간단하죠?

릴리오의 아이디어는 정말 훌륭했다! 그래도 작은 문제가 하나 있었으니, 3300년마다 하루의 오차가 생긴다는 것이었다. 그렇지만 거기에 누가 신경이나 쓰겠는가? 음, 그런데 그런 사람들이 있다.

새 달력은 점차 유럽 전역과 아메리카로 퍼져 나갔다. 오늘날의 벨기에와 네덜란드 지역에서는 새 달력을 채택한 해에 크리스마스 전후의 열흘을 달력에서 없애기로 결정했다. 그래서 그해에는 크리스마스가 없어지고 말았다! 당연히 애들은 울고, 못된 부모들은 속으로 쾌재를 불렀겠지. 1949년에 중국도 그 달력을 채택하자, 이제 전 세계가 같은 달력을 사용하게 되었다. 그렇다면 이 달력에는 그것을 탄생시킨 사람의 이름을 붙이는 게 지극히 당연해 보인다. 그렇다, 여러분 생각이 맞다. 그 사람은 바로 교황 그레고리우스!

이 달력은 릴리오가 이미 죽고 없었기 때문에 릴리우스력이 아니라 그레고리우스력이라 불리게 되었다. 사실 교황청은 릴리오가 쓴 책의 원본마저 잃어버렸다. 그러니 유명해지고 싶은 사람들은 이 점을 명심하라! 높은 사람이 여러분의 아이디어를 받아들이기 전에 절대로 죽어서는 안 된다. 그랬다간 그들이 여러분의 공을 가로챌 것이다.

연대 매기기

달력은 오늘이 1년 중 어느 날인지 알려 줄 순 있지만, 해들을 기록하지는 않는다. 해를 기록하는 방법은 디오니시우스 엑스구스(500~560)라는 사제가 발명했다. 그의 이름은 '변변찮은 디오니시우스' 라는 뜻을 갖고 있었는데, 아마 그가 키가 작았거나 내세울 게 별로 없어서였을 것이다.

어쨌든 변변찮은 디오니시우스는 'AD'라는 용어를 발명했다(지금은 Common Era의 머리글자를 딴 CE를 많이 사용함. 물론 그 뜻은 서력 기원, 곧 서기임). AD는 Anno Domini(라틴어로 '주의 해' 란 뜻)의 앞 글자를 딴 것이다. 이것은 예수가 태어난 해를 기준으로 해서 해에 숫자를 붙여 나가는 방법인데, 사실은 기준부터 틀렸다. 왜 그럴까?

1. 오늘날 역사학자들은 예수가 BC 4년에 태어났다고 생각한다. 오, 또 뭐가 잘못됐나요, 설레발 씨?

2. 엑스구스는 연대의 시작을 0년이 아니라 1년부터 매겼다. 숫자 0이라는 개념이 유럽에(인도에서 아라비아를 거쳐) 들어온 것은 그로부터 200년 후의 일이니 엑스구스를 탓할 순 없다.

정말로 충격적인 소식

잠깐만! 그렇다면 역사 선생님과 역사 책들이 2000년이 넘도록 연대를 잘못 가르쳐 왔다는 이야기가 아닌가? 심지어 이 책에 나오는 연대와 날짜도 모조리 다 틀렸다는 이야기가 아닌가? 또 새천년 축하 행사도 1996년에 했어야 하는데, 온 세계 사람들이 정말로 중요한 그 순간을 놓쳤다는 것 아닌가? 이런, 세상에!

어쨌든 이렇게 해서 달력의 잘못이 고쳐졌다. 그런데 그 뒤에도 어떤 사람들은 자기 나름대로 달력을 만들다가 끔찍한 결과를 낳았다. 1792년에 프랑스에서 그런 일이 일어났다! 1789년에 프랑스혁명이 일어난 뒤, 혁명 지도자들은 달력을 좀 더 합리적으로 만들려고 했다. 신문들은 이 이야기로 온통 난리를 쳤을 게 분명하다. 특히 이 일로 끔찍한 결과가 발생했다면…….

일간 혁명 프랑스 신문
1794년 4월 5일

달력을 바꾼 장본인, 목이 달아나다!

오늘 모든 파리 시민이 필리프 파브르 데글랑틴의 목이 달아나는 장면을 구경하러 나왔다. 이전에 시인이었던 데글랑틴은 2년 전 달력을 바꾼다는 정신 나간 계획을 지지하고 나서면서 한때 봄

날을 맞았다.

새 달력은 법으로 강제로 시행되었는데, 1년이 열 달로 줄어들고, 하루도 열 시간으로 줄어들었다. 그러나 1주일을 10일로 하려던 계획은 10일에 하루밖에 쉬지 못한다는 사실에 시민들이 불만을 터뜨리면서 취소되었다. 데글랑틴의 적들은 그가 공금을 유용하고 뇌물을 받았다고 공격했다. 한때 잘나가던 그는 여기서 그만 추락했고, 마침내 단두대에 서게 되었다! 시간을 주물렀던 역적은 처형장에 끌려나오면서도 침착했고, 끝까지 머리를 꼿꼿이

쳐들었다. 종말의 시간이 다 가오자, 그는 군중에게 자기가 쓴 시를 건네주었다. 그는 최후의 순간까지도 저자의 본색을 드러냈다. 공짜로 홍보할 기회가 있으면 절대로 놓치지 않는다!

새 달력은 1805년에 공식적으로 폐지되었지만, 이미 오래 전부터 사람들은 그것을 무시하고 있었다. 시계의 시간을 바꾸려는 시도는 더 큰 실패를 겪었다. 그것은 폭풍 속에서 우산을 펼치려고 하는 것만큼이나 성공할 가망이 없는 일이었다. 시계 이야기가 나왔으니, 오래된 것들을 몇몇 만나 보기로 하자.

아니, 내가 말하고자 하는 것은 오래된 사람이 아니라, 다음 장에 나오는 시계라고!

기상천외한 시계들

시계가 없다면 어떻게 될까? 시계의 태엽을 감아 주면(구식 시계는 태엽을 감아 줘야 움직인다.) 시계는 아침에 여러분을 깨워 주고, 등교 시간이나 약속 시간에 얼마나 늦었는지 알려 준다. 이처럼 시계는 우리의 일상생활에 아주 소중한데, 이 장에서는 시계가 왜 그렇게 소중한지 설명하려고 한다.

시계를 멈춰라!

우리의 생활은 시간과 분, 초를 다투며 돌아간다. 예컨대, 스포츠 종목 중에 속도를 재거나 경기 시간을 재지 않는 것이 있는가? 심지어 달팽이 경주에도 시계가 필요하다!

매우 느릿느릿한 출발 뒤에 꾸물꾸물 선수가 간발의 차이로, 음 그러니까 35분 차이로 우승을 차지했습니다.

시간과 분 그리고 초는 4000년도 더 전에 바빌로니아에서 발명되었다. 그렇지만 만일 시계가 없었다면, 시간과 분과 초는 사막의 잠수복처럼 아무 쓸모가 없을 것이다. 기원전 1500년 무렵에 세계 최초로 시간을 측정하는 장비가 만들어졌다. 어떤 사람들은 아직도 정원에 그러한 장비를 갖고 있다. 딴 데 가지 말고 계속 보고 있기 바란다. 잠시 광고 말씀 전하고, 다시 이야기하겠다.

앗, 이렇게 재미있는 과학이!
골동품 시계 폭탄 세일

멋진 오벨리스크로 정원을 장식하세요!

이제 여러분도 마침내 거대한 해시계 오벨리스크로 시간을 정확하게 알 뿐만 아니라, 이웃 사람들의 부러움을 한 몸에 살 수 있습니다.

- ☀ 걸핏하면 고장나는 부속품이 전혀 없음!
- ☀ 철저한 검증을 거친 전통 기술의 결정판!
- ☀ 유효 기간 최소한 3000년 보장!
- ☀ 수많은 노예를 동원해 특별 제작한 것임!

배달하고 설치하는 데 약 10년이 걸립니다.
이 오벨리스크는 2600년 전에 파라오 프삼티크 3세가 만든 것을 바탕으로 복원했습니다.
가격: 거저나 다름없는 단돈 50억 원!

- 고대 이집트의 파라오가 사용하던 모습 그대로 복원!
- 높이: 22미터
- 무게: 250톤
- 땅에 시간을 나타내는 선들이 표시돼 있음
- 여름 / 겨울 / 봄 / 가을
- 정오에 비치는 그림자의 길이로 1년 중 어느 시기인지 알 수 있음.

추가로 9억 9999만 9999원만 내시면 오벨리스크에다 고대 이집트의 그림 문자를 새겨 드리겠습니다. 그러면 모든 사람이 여러분의 영웅적인 행적과 승리한 전투에 대해 알게 될 것입니다!

주의 사항 : 지구가 태양 주위를 도는 궤도는 정확한 원이 아니라 타원(그러니까 찌그러진 원이라고나 할까요!)이기 때문에, 1년 중 어떤 날들은 다른 날보다 태양이 하늘을 가로지르는 데 걸리는 시간이 더 깁니다. 무슨 말인고 하니, 여러분의 시계가 항상 정확하지 않을 수도 있다는 말씀!

소름 끼치는 과학 용어

시간의 전문가 왈 :

내 정원엔 거대한 그노몬이 있어.

그럼, 여러분은 이렇게 말하겠지?

오, 그래요? 그노몬은 정원에서 뭘 한대요?

답 : ※※※ 그노몬이라는 그 고상하게 들리는 단어는 움(gnomon)은 해시계 위에 있어서 시간을 가르쳐 주는 막대를 점잖게 표현한 말이야.

어린이 독자를 위한 충고 :

뭐라고? 구두쇠 부모님이 오벨리스크를 사 주지 않으려 한다고? 오, 저런! 부모님은 여러분을 별로 사랑하지 않는 모양이다. 할 수 없다. 그렇다면 직접 해시계를 만드는 수밖에. 아, 물론 광고지에 소개된 것처럼 웅장한 것은 아니지만, 그래도 값이 싸고, 노예가 없어도 만들 수 있다. 해시계를 만들고 나면, 또 다른 시계도 한번 만들어 보라.

직접 해 보는 실험 : 직접 시계를 만들어 보자.

1. 해시계

준비물 :
카드 한 장
손전등
가위
자

실험 방법 :

1. 카드에서 T자 모양을 오려 내고, 그것을 아래 그림처럼 접는다.

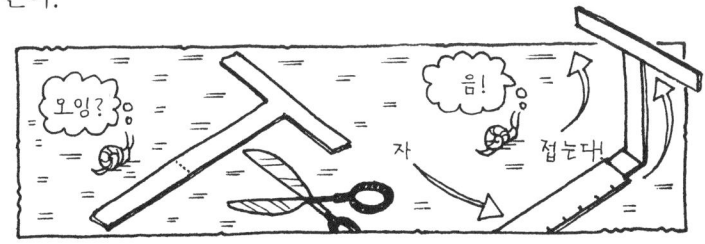

2. T자 모양 중 바닥에 닿아 있는 부분 위에 자를 얹어 놓는다.

3. 방을 어둡게 하고, 손전등을 켠다. 손전등을 마치 해가 떠서 하늘을 가로질러 가는 것처럼 호를 그리며 움직인다.

결과 :
태양(앗, 실수! 태양이 아니고 손전등이지!)의 높이가 낮을수록 그림자의 길이는 더 길다. 지구 상의 대부분 지역에서는 정오 때 태양의 높이가 겨울에는 낮고, 여름에는 높다. 따라서 해시계는 오늘이 1년 중 언제쯤인지 알려 줄 수 있다.

2. 물시계
역사적 사실

이러한 종류의 물시계는 기원전 1350년경에 이집트에서 발명되었다. 고대 그리스인은 그것을 '물도둑'이라는 뜻으로 '클렙시드라'라고 불렀다.

준비물 :
텅 빈 2리터짜리 플라스틱 병
압정
사인펜
초침이 달린 시계

실험 방법 :
1. 압정을 사용해 병 바닥에서 2.5센티미터쯤 되는 지점에

구멍을 뚫는다. 원치 않는 홍수와 가족과의 마찰을 피하고 싶다면, 병을 개수대에 놓아 두라.

2. 병 꼭대기까지 물을 채우고, 물의 높이를 사인펜으로 표시한다. 1분 동안 시간을 잰다. 그동안 구멍을 통해 물이 빠져 나가고 난 물의 높이를 다시 표시한다. 또다시 1분 동안 시간을 잰 다음, 앞에서와 똑같이 하고, 같은 과정을 계속 반복한다.

3. 시간을 재는 동안 따분하다면 이 책을 읽어라.

결과 :

물의 높이가 낮아지면 물이 흘러나오는 속도가 느려지기 때문에 매 분의 간격은 점점 좁아진다. 아주 추운 날에는 물이 얼어 구멍이 막힐 수도 있고, 찌꺼기가 구멍을 막을 수도 있다.

시계가 설치된 곳에서는 시계가 사람들의 일상생활을 좌우하기 시작했다. 고대 그리스의 철학자 아리스토텔레스(기원전 384~기원전 322)는 극장에 온 사람들이 공공 물시계를 보는 데 정신이 팔려 연극을 제대로 보지 않는다고 불평했다. 아테네에서는 거대한 물시계를 세워 놓고 정치인이 따분한 연설을 정해진 시간 이상 하지 못하게 했다.

기원전 100년경, 한 그리스인은 이렇게 썼다.

내가 어릴 때만 해도 내 배시계 말고 시계라곤 구경도 할 수 없었지요. 그래도 내게는 그게 가장 정확한 시계였어요. 꼬르륵 소리가 나면 음식을 먹으러 갔지요. 단, 먹을 게 있어야 했지만······.

그러고는 그 우스꽝스러운 최신식 해시계가 대중에게 큰 인기를 끈 이후로 사람들은 해시계가 점심시간을 알려 줘야 밥을 먹으러 가게 되었다고 덧붙였다.

기다리는 동안 얼마나 배가 고팠을까? 여러분은 그 느낌을 알까?

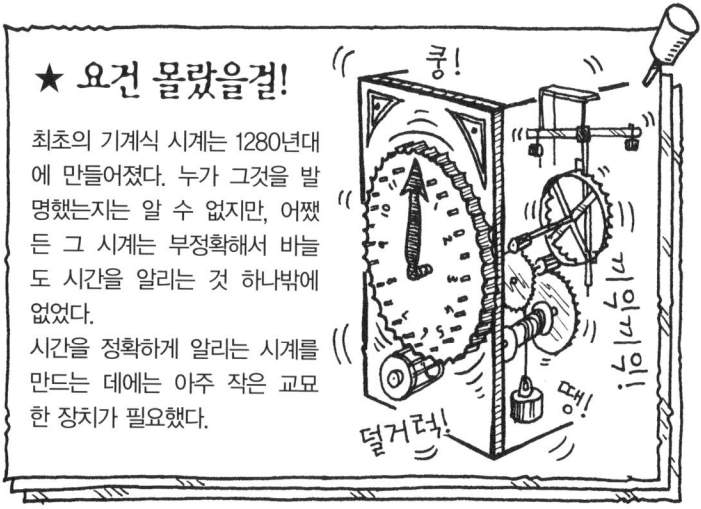

★ 요건 몰랐을걸!

최초의 기계식 시계는 1280년대에 만들어졌다. 누가 그것을 발명했는지는 알 수 없지만, 어쨌든 그 시계는 부정확해서 바늘도 시간을 알리는 것 하나밖에 없었다.
시간을 정확하게 알리는 시계를 만드는 데에는 아주 작은 교묘한 장치가 필요했다.

소름 끼치는 과학 용어

시계 전문가 왈 :

답 : 시계 진진가 아래위에 시계를 탈진기 전에 돋아가는 세 종 것이다. 탈진기를 시작으로 정확성하게 재미 있어 있다. 정교한 일 1650년대부터 나온지 시작했다.

★ 요건 몰랐을걸!

1650년대부터 작은 용수철의 힘으로 좌우로 흔들리는 진자 또는 바퀴가 시계의 주요 부품으로 자리 잡았다. 진자나 바퀴는 모두 일정한 속도로 움직였다. 물론 이런 식의 옛날 시계는 지금은 아주 귀중한 골동품이 되었다.

시계에 관한 흥미로운 사실

1. 최초의 진자시계가 나오기 전, 천문학자들은 어린이에게 진자를 흔들면서 진자가 왔다 갔다 한 횟수를 세게 했다. 그리

고 그것으로 하늘에서 별이 움직이는 동안 걸린 시간을 쟀다. 차라리 어린이에게 별이 움직이는 것을 직접 보라고 할 것이지!

2. 진자시계를 움직이는 힘은 흔들리는 진자의 움직임에 따라 단계별로 천천히 아래로 내려가는 추에서 나온다. 할아버지 집 거실에 있는 시계를 우주로 가지고 나가면 작동하지 않을 것이다. 추를 아래로 끌어내리는 중력이 없기 때문이다.

3. 바다도 우주 공간 못지않게 시계를 보기에는 좋지 않은 장소다. 진자시계와 용수철 시계를 모두 발명한 네덜란드의 슈퍼스타 과학자 크리스티안 호이겐스(1629~1695)는 바다에서도 정확히 가는 시계를 만드느라 20년 동안이나 매달렸다. 그러나 시간을 정확하게 재려면 진자가 일정한 속도로 움직여야 하는데, 배가 물 위에 떠다니는 장난감 오리처럼 마구 흔들리기 때문에 시간을 정확하게 재기가 어렵다. 또 용수철과 그 밖의 금속 부품은 열과 추위에도 영향을 받는다.

곧 알게 되겠지만, 뱃사람들은 지금이 몇 시인지 알기 위해서만 정확한 시계가 필요한 것은 아니었다. 그들은 배가 바다 위의 어느 지점에 떠 있는지 알기 위해서도 시계가 필요했다. 시간을 엉터리로 측정하는 시계는 아주 위험한 결과를 초래할 수 있다. 기대하시라! 다음 장에 바로 그 자세한 이야기가 나오니까……. 개봉 박두! 늦지 마시라.

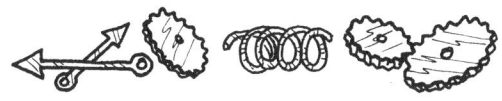

바다 위에서 위치를 찾아 주는 시계

망망대해를 항해한다면, 지금 배가 떠 있는 곳이 어디인지 아는 게 아주 중요하다. 주위에서 육지의 모습이 사라지면, 지도 위에는 '바다'라고 표시된 파란색만 펼쳐져 있을 뿐 참고로 할 만한 것이 아무것도 없다. 따라서 지금 내가 서 있는 곳을 알려 주는 도구가 필요하다.

시계가 바로 그런 역할을 할 수 있는데, 여러분을 위해 설레발 씨가 그 사용법을 알려 주고자 한다. 늘 집 안에 틀어박혀 컴퓨터 앞에만 앉아 있던 설레발 씨가 지금은 조그마한 요트를 타고 항해에 나섰다.

바다에서 동서 방향으로 얼마나 멀리 여행했는지 아는 방법

아주 간단해 보이지? 그러나 앞에서도 말했듯이, 옛날에는 바다에서도 정확하게 시간을 알려 주는 시계가 없었다. 그래서 발명가들은 다른 방법을 찾았는데, 그 중에는 터무니없어 보이는 것도 있었다.

바다에서 경도를 알아내는 방법

이 자리에 그 발명가들을 모시고 직접 설명을 들어 보기로 하자. 그러면 설레발 씨가 그 아이디어들의 결점을 지적할 것이다.

1. 망원경 헬멧

발명가 : 이탈리아의 위대한 천재 갈릴레오 갈릴레이
발명 시기 : 1611년 무렵

> 이렇게 망원경 헬멧을 쓰고서 목성의 위성들이 목성 주위를 도는 것을 관측하는 겁니다. 그 운동은 시계만큼 정확하지요!

설레발 씨, 어떻게 생각하세요?

> 음, 좋은 아이디어인 것 같긴 한데, 실제로 효과가 있을지는 의심스럽군요. 파도에 흔들리는 배 위에서 행성을 관측한다는 건 쉬운 일이 아니죠. 저도 그랬다가 망원경이 귓구멍에 들어간 적이 있어요. 또 구름이라도 끼면 이 방법은 무용지물이 되고 말아요. 게다가 목성에서 지구까지 빛이 날아오는 데 걸리는 시간은 목성의 위치에 따라 변하기 때문에, 이것을 기준으로 시계를 정확하게 맞출 순 없어요. 그렇지만 참 기발한 아이디어네요!

2. 공명 가루

발명가 : 케넬름 디그비
발명 시기 : 1687년

a) 개에게 상처를 냅니다!

깨갱!

b) 나는 집에 있고, 개를 배에 태워 긴 항해를 보냅니다.

c) 매일 정오 때마다 개의 피가 스며든 붕대에 이 가루를 뿌리지요.

d) 그러면 배에 있는 개가 고통을 느끼고 짖을 겁니다. 그러면 선원들은 그때가 집에서는 정오라는 걸 알 수 있지요.

나는 여덟 시간 동안이나 책과 인터넷에서 이 가루의 정체를 샅샅이 뒤져 보았어요. 그 결과, 이러한 가루는 존재하지 않는다는 결론을 얻었습니다. 이건 사기였던 게 분명해요!

저자의 잔소리

설마 집에서 이것을 직접 해 보려고 하진 않겠지? 그랬다간 동물 학대 혐의로 감옥에 갈 수도 있고, 아마 엉덩이에도 이빨 자국이 남을 것이다.

3. 신호선

발명가 : 윌리엄 휘스턴과 험프리 디턴

발명 시기 : 1713년

오, 저런! 저런 터무니없는 소리는 처음 들어요. 바다 멀리 나가면 수심이 너무 깊어서 정박한다는 게 불가능하죠. 또 날씨가 나쁘면 대포 소리도 들리지 않아요. 정박해 있는 배들에 식량을 날라다 주는 것도 보통 힘든 일이 아니죠. 이 아이디어는 정말로 뻥이 아닌가 싶어요.

★ 요건 몰랐을걸!

1707년, 영국 함대가 전투를 끝내고 귀항하던 중이었다. 클로디슬리 셔블 제독은 고국으로 돌아가 영웅으로 환영받는 순간을 상상하고 있었는데, 그때 한 수병이 와서 함대가 예정 항로보다 훨씬 서쪽으로 벗어났다고 보고했다.

그 말이 사실이라면 함대는 실리 군도의 암초에 충돌할 위험이 컸다! 그러나 셔블 제독은 그 수병의 주장이 틀렸다는 함장들의 의견을 믿었다. 수병은 배의 항로를 계산하지 못하게 되어 있었기 때문에, 제독은 그 수병을 처형했다. 다음 날 저녁, 함대는 실리 군도의 암초에 충돌했다. 셔블 제독은 비틀거리며 육지에 상륙하긴 했지만, 한 늙은 여자가 그를 죽이고 반지를 훔쳐 갔다. 셔블 제독의 배에 탔던 한 수병만이 살아남아 그 이야기를 사람들에게 전했다.

함선 세 척이 침몰하고 2000여 명이 사망했다. 바다에서 길을 잃는 바람에 수많은 인명이 희생된 것이다. 훌륭한 시계만 있었더라면 그러한 비극을 피할 수 있었을 텐데……. 영국 해군의 드높은 자존심은 시계 때문에 바다 밑으로 침몰하고 말았다.

이 참사에 경악한 영국 의회는 1714년, 바다에서 경도를 48.27킬로미터의 오차 이내로 정확하게 측정하는 방법을 발명하는 사람에게 2만 파운드의 상금을 주겠노라며 경도상을 만들었다.

중요한 사실

당시에 2만 파운드라면 어마어마한 돈이었다. 요새 돈으로 따지면 1000만 파운드, 그러니까 약 200억 원이나 된다. 과학 역사상 이렇게 많은 돈이 상금으로 걸린 적은 없었다.

★ 요건 몰랐을걸!

경선은 지도 위에서 동서 방향으로 얼마나 멀리 떨어져 있는가를 나타내기 위해 북극점에서 남극점까지 남북 방향으로 그어진 가상의 선이다.

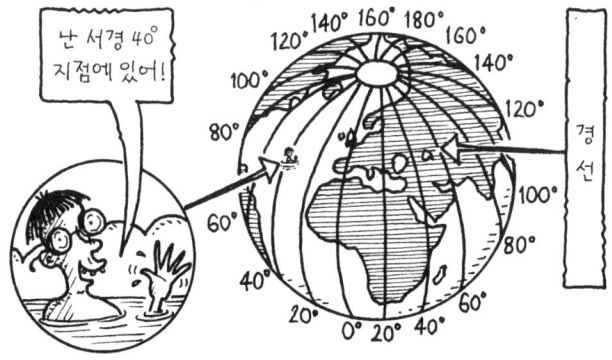

그렇지만 그 상금을 타기란 쉬운 일이 아니었다. 설레발 씨가 설명한 것처럼 당시에 나온 아이디어들은 바늘 공장에 떠다니는 풍선만큼이나 가망이 없는 것들이었다. 그렇지만 바다에서 시간을 정확하게 잴 수 있는 시계를 만들려는 시도는 계속되었다. 그러다가 마침내 한 천재가 나타나 그 상금을 타 갔다.

명예의 전당 : 존 해리슨(John Harrison; 1693~1776)

국적 : 영국

해리슨은 어렸을 때 크게 아팠던 적이 있는데, 그의 부모는 재깍거리는 소리를 들을 수 있도록 그의 머리맡에 시계를 놓아 두었다. 당시에는 시계가 아주 귀하고 비싼 물건이었기 때문에, 어린 해리슨은 이 신기한 기계에 홀딱 빠졌다. 해리슨은 과학에도 홀딱 빠져 과학책 한 권을 몽땅 베껴 적기도 했다. 이만

하면 이미 싹수가 보이지?

 아버지가 목수였기 때문에, 해리슨도 목수 일을 배웠다. 해리슨은 열아홉 살 때 처음으로 나무 시계를 만들었다. 그 시계가 너무나도 정교했기 때문에 그것을 본 사람은 누구나 해리슨이 물건을 만드는 데 탁월한 재주가 있다고 입을 모았다.

 해리슨이 쓴 일기가 남아 있다면, 아마도 이렇게 쓰여 있지 않을까?

> **1726년**
> 무지무지하게 짜증난다. 진자시계 말이다! 진자의 재료로 사용되는 금속은 더울 때에는 팽창하고, 추울 때에는 수축한다. 어느 쪽이든 진자의 길이가 변하기 때문에 시간을 정확하게 재기 어렵다. 어쨌든 나는 동생과 함께 두 가지 금속을 붙여서 진자를 만들었다. 그러면 팽창하더라도 두 가지 금속이 서로를 꼭 붙들고 있기 때문에 길이가 별로 늘어나지 않는다. 정말 멋진 아이디어였다! 이렇게 만든 진자 시계는 한 달에 1초밖에 틀리지 않는다! 우린 굉장한 물건을 발명한 것이다!

 그것은 정말로 대단한 업적이었다! 제대로 교육받지도 못하고 돈도 없는 두 젊은이가 그때까지 나온 것 중 가장 정확한 시계를 만든 것이다! 존 해리슨은 경도상에 도전해 보기로 결심했다. 과연 성공할 수 있었을까?

 해리슨이 시계를 설계하는 데에는 4년이 걸렸다. 그리고 나서 그는 경도국(의회가 경도상을 심사하기 위해 설립한 위원회)을 찾아가기 위해 런던으로 갔다. 그는 런던에서 경도국 책임자 중 한 명인 에드먼드 핼리(1656~1742)를 만났다. 핼리는 해리슨에게 런던 최고의 시계 제조공인 조지 그레이엄을 만나게 해 주었다. 이 전문가는 해리슨이 설계한 시계를 어떻게 평가했을까?

그레이엄은 해리슨의 설계도를 보고 감탄했다. 두 사람은 10시간 동안이나 잠시도 쉬지 않고 이야기했다. 그레이엄은 젊은 이에게 시계를 만들 돈을 빌려 주었다. 그렇지만 해리슨이 그 시계를 만드는 데에는 5년이나 걸렸다. 아마도 그의 일기는 그 이야기로 넘쳐났을 것이다.

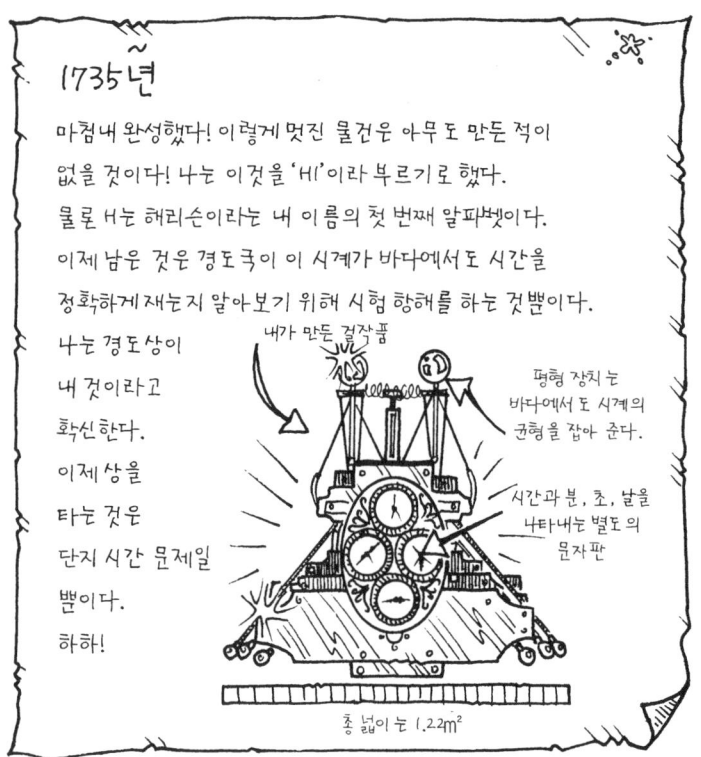

경도국은 몇 달 동안 미적거리다가 마침내 시계와 해리슨을 배에 태우고 포르투갈의 리스본까지 시험 항해를 하기로 결정했다. 해리슨이 배에서 아내인 엘리자베스에게 편지를 썼다면, 아마 다음과 같이 쓰지 않았을까?

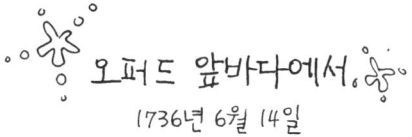

오퍼드 앞바다에서
1736년 6월 14일

잘 지냈소, 마누라?
지금 나는 포르투갈에서 영국으로 돌아가는 중이라오.
이번 일로 항해는 내 체질에 맞지 않는다는 걸 깨달았소.
지금도 저녁 먹은 게 올라오지 않게 하려고 무진 애쓰고 있다오! 도 중에 심한 폭풍을 만났는데, 내 선실까지 물이 튀어 들어왔소. 게다가 리스본에 도착했을 때에는 선장이 열병으로 꼴까닥했지 뭐요! 나는 간신히 다른 배를 얻어 타고 돌아가고 있다오. 그렇지만 내 시계는 대성공이었소! 겨우 몇 초밖에 틀리지 않았으니까.
또 배의 위치도 정확하게 알려 주었다오.
돌아가는 길에 나는 선장에게 앞에 위험한 암초가 있다고 경고해 줄 수도 있었다오.
이제 돌아가면 경도상을 받을 일만 남았소.

곧 다시 보길 바라며,
사랑하는 남편
존 해리슨

사실이에요.

선장

그러나 경도국은 그 시험 항해만으로는 충분치 않다고 말했다. 서인도 제도까지 항해를 해 보아야 한다는 것이었다. 그렇다면 뭐 하러 해리슨을 리스본까지 보냈단 말인가? 그런데 해리슨은 비할 데 없이 정직하고 성실한 사람이었던 것 같다. 자기 시계는 좀 더 개선이 필요하다면서 새로운 시계를 만드는 데 착수했기 때문이다. 이번에는 경도국에서 그에게 착수금을 약간 주었다.

그러면 또다시 해리슨의 일기를 살짝 엿보기로 하자.

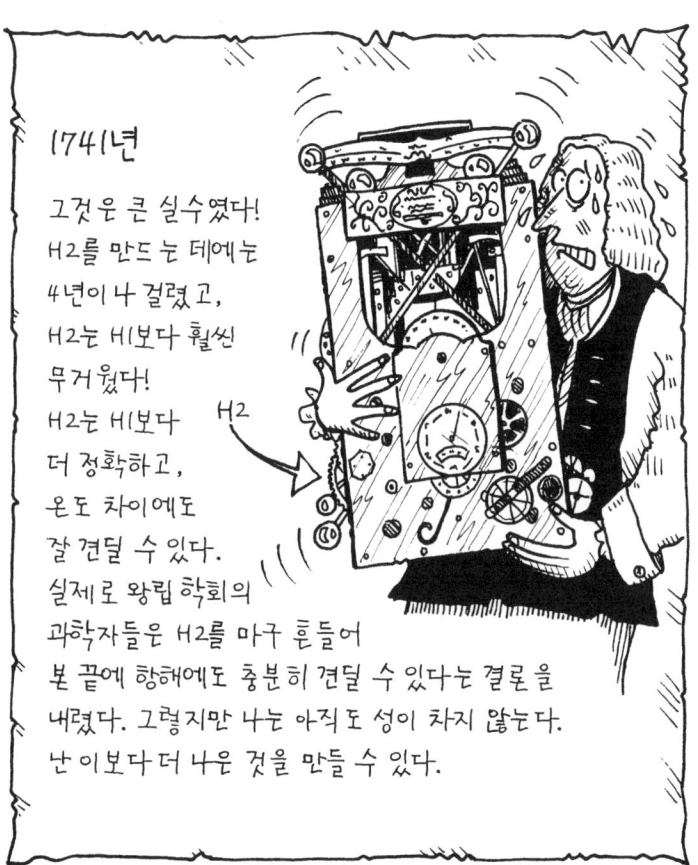

1741년

그것은 큰 실수였다! H2를 만드는 데에는 4년이나 걸렸고, H2는 H1보다 훨씬 무거웠다! H2는 H1보다 더 정확하고, 온도 차이에도 잘 견딜 수 있다. 실제로 왕립 학회의 과학자들은 H2를 마구 흔들어 본 끝에 항해에도 충분히 견딜 수 있다는 결론을 내렸다. 그렇지만 나는 아직도 성이 차지 않는다. 난 이보다 더 나은 것을 만들 수 있다.

해리슨은 또다시 새로운 시계를 만드는 데 몰두했다. 이번에는 시간이 훨씬 많이 걸렸다. 무려 18년이나!

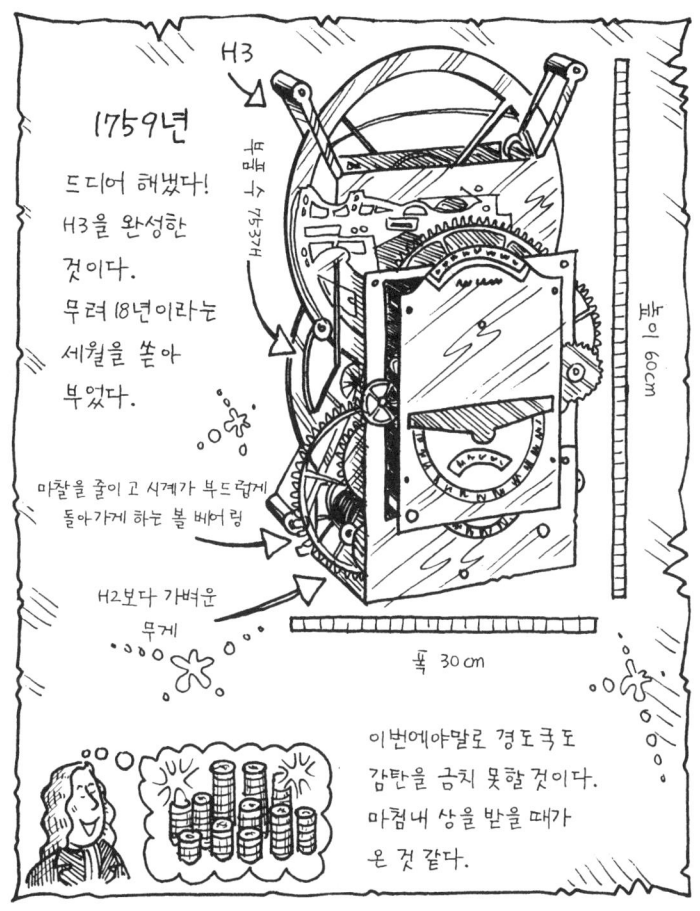

한편, 경도국은 달을 이용해 경도를 알아내는 방법을 검토하고 있었다. 이것은 런던에서 볼 때 달이 어떤 날에 어느 별을 지나가느냐를 예측할 수 있다는 원리에 바탕을 두고 있었다. 그러면 항해를 하는 사람들은 이러한 일이 일어나는 시간을 재서 (정오에 다시 맞추는 시계를 사용해) 런던의 시간과 비교할 수 있다. 그리고 그 시간 차이로부터 배가 런던에서 동서 방향으로 얼마만큼의 거리에 있는지 계산할 수 있다.

여러분에게는 상당히 복잡한 방법처럼 보일 것이고 실제로도 그랬지만, 경도국의 과학자들은 이 아이디어에 매력을 느꼈다. 그들은 하찮아 보이는 시계를 사용하는 것보다 이 방법이 훨씬 과학적이라고 느꼈다. 한편, 해리슨은 또 다른 시계를 만드는 데 착수했다.

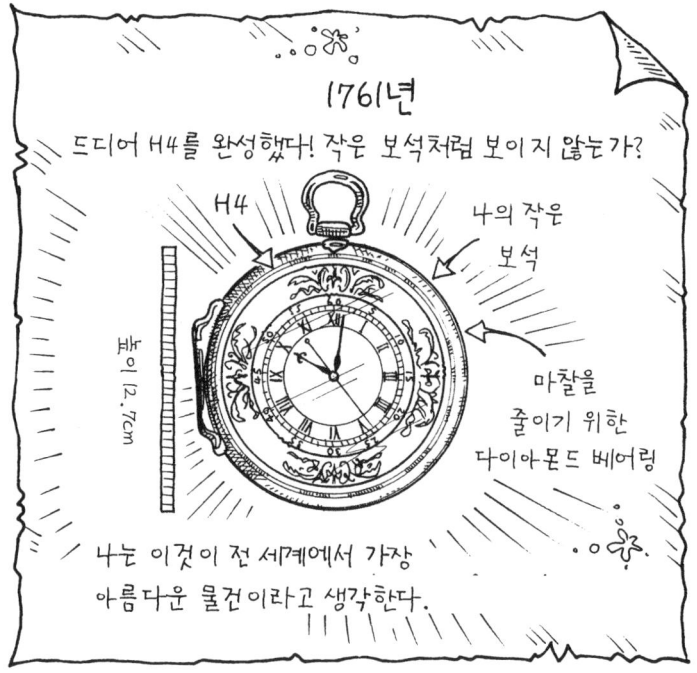

새로 만든 이 시계(해리슨을 이것을 'watch', 곧 회중시계라고 불렀다.)는 기적과도 같은 것이었다. 그 누구도 이러한 것을 이

전에 본 적이 없었고, 이렇게 조그마한 시계가 경도국이 요구한 대로 정확하게 시간을 잴 수 있다는 것을 믿기 어려웠다. 경도국은 시큰둥한 반응을 보였지만, 결국 서인도 제도 항해에 이 시계를 시험해 보기로 동의했다. 이제 해리슨은 너무 늙어 항해에 함께 나설 수 없었다. 대신에, 그는 자기 인생에서 가장 소중한 두 가지, 자신이 만든 시계와 아들 윌리엄에게 손을 흔들어 주었다. 윌리엄이 아버지에게 편지를 보냈다면, 아마 다음과 같이 썼을 것이다.

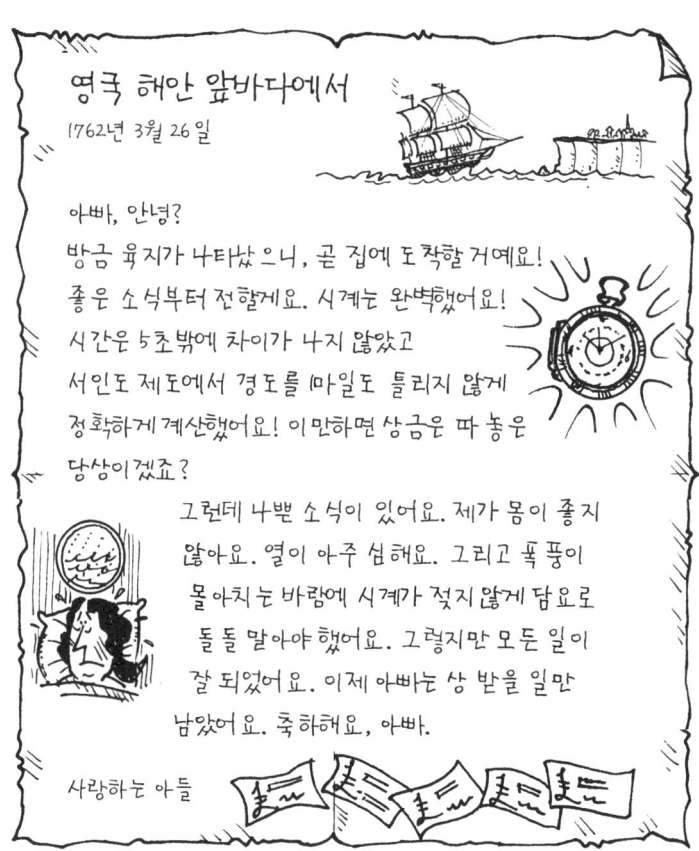

영국 해안 앞바다에서
1762년 3월 26일

아빠, 안녕?
방금 육지가 나타났으니, 곧 집에 도착할 거예요!
좋은 소식부터 전할게요. 시계는 완벽했어요!
시간은 5초밖에 차이가 나지 않았고
서인도 제도에서 경도를 1마일도 틀리지 않게
정확하게 계산했어요! 이만하면 상금은 따 놓은
당상이겠죠?

그런데 나쁜 소식이 있어요. 제가 몸이 좋지
않아요. 열이 아주 심해요. 그리고 폭풍이
몰아치는 바람에 시계가 젖지 않게 담요로
돌돌 말아야 했어요. 그렇지만 모든 일이
잘 되었어요. 이제 아빠는 상 받을 일만
남았어요. 축하해요, 아빠.

사랑하는 아들

그러나 경도국은 윌리엄이 시계를 제대로 시험하지 않았다고 새로운 트집을 잡았다. 그래서 윌리엄은 시계를 가지고 또다시 서인도 제도로 출발해 한 번 더 시험을 해야 했다. 이번에는 네빌 매스클린도 함께 따라갔다. 천문학자인 매스클린은 달을 이용해 경도를 알아내는 방법을 지지하는 사람이었다. 새로운 시험에 대한 이야기가 신문에 실렸다면, 아마도 다음과 같은 기사가 아니었을까?

시계 제조공 신문

1764년 7월

결정적인 실험을 위한 항해

윌리엄 해리슨

존 해리슨은 경도상을 타기 위한 오랜 노력 끝에 마침내 성공을 눈앞에 두고 있다. 그는 두 번째로 서인도 제도 항해에 나선 아들 윌리엄이 자신의 시계를 시험하여 완벽에 가까운 결과를 얻은 과정을 담담하게 이야기했다.

경쟁자인 네빌 매스클린은 윌리엄과 말다툼을 하고 난 뒤 달을 제대로 관측하지 못했다. "그의 방법은 실효성이 없었습니다."라고 윌리엄은 말했다.

매스클린

존 해리슨은 상을 타는 데 필요한 모든 일을 했지만, 경도국은 여전히 미적거렸다. 해리슨은 몹시 속이 탔을 것이다. 그때, 나쁜 소식이 날아왔다. 윌리엄과의 말다툼으로 아직도 분이 풀리지 않은 매스클린이 왕립 천문대장이 되면서 경도국에 들어간 것이다. 그는 해리슨에게 그 복수를 했을까? 다시 해리슨의 일기를 들춰 보자.

1766년

나는 경도상을 타기 위해 40년이란 세월을 바쳤다. 심지어 6일 동안이나 전문가들에게 내 시계의 작동 원리를 설명하고 보여 주기도 했지만, 그들은 그것을 가져가더니 새로운 시계를 만들어 달라고 했다. 그것도 순전히 기억만으로! 그런데 바로 오늘 아침, 매스클린이 사람들과 함께 나타나서는  내가 갖고 있던 나머지 시계들마저 다 가져가 버렸다. 그는 경도국에서 그 시계들을 시험해야 한다고 말했다. 사람들이 내 아름다운 목재 케이스에 거친 손을 대는 순간, 나는 분노와 두려움으로 몸이 부들부들 떨렸다. 그때, 멍청한 일꾼이 내 비일 들고  가다가 그만 놓치는 바람에 비이 하수도에 떨어지고 말았다. 40년 동안이나 공들여 완성한 내 발명품이 더러운 수렁에 아무렇게나 실려 가는 것을 보고 나는 온몸에 힘이 빠졌다. 이제 모든 게 끝났다! 공책에 눈물이 뚝뚝 떨어진다. 나는 아마도 이 충격과 낙담을 극복하지 못할 것이다.

존 해리슨은 이제 노인이 되어 있었다. 걸음걸이도 불편했고, 앞도 잘 보이지 않았다. 언젠가 세상이 자신을 알아주어 경도상을 타게 되리라는 희망만이 그를 그때까지 버티게 했다. 그러나 매스클린은 그 시계가 정확하지 않다고 주장했다. 이미 바다에서 행한 모든 시험에서 훌륭한 결과를 보여 주었던 터라 그의 주장은 터무니없어 보였다. 그렇지만 매스클린은 달의 위치를 이용한 자신의 방법이 마침내 경도 문제를 해결했다고 떠벌렸다.
아, 이것으로 존 해리슨의 꿈은 물거품이 되고 마는가!

고생 끝이 낙이 온다고 했던가?
해리슨에게는 시간이 없었다. 74세인 그는 앞으로 살 날이 얼마 남지 않아 보였다.
여러분 생각엔 이 이야기가 어떻게 끝났을 것 같은가?
그야 잘 모르겠지. 계속 읽어 보라.
윌리엄은 조지 왕을 찾아가서 자기 아버지가 정확한 시계를 만들기 위해 평생을 바친 사연을 이야기했다. 놀랍게도 왕은 시계에 큰 관심을 갖고 있었고, 이미 아버지에 관한 이야기도 상당히 자세히 알고 있었다. 그러나 그렇게 부당한 대우를 받은 사실은 모르고 있었다.
윌리엄이 이야기를 마치자, 조지 왕은 감동을 받은 듯이 보였고, 고개를 돌려 "이 사람들은 너무나도 부당한 대우를 받았구나."라고 말했다.
왕은 일을 바로잡겠다고 약속했고, 새로운 시험을 실시하라고 명령했다. 해리슨의 시계는 거의 완벽에 가깝게 정확하게 작동했다. 1773년 6월, 의회는 해리슨에게 거액의 상금을 지급하도록 하는 법을 통과시켰다.

그때, 해리슨의 나이는 80세였다. 그는 자신이 설계한 시계가 전 세계의 바다 위를 떠다니는 배에 실려 수많은 인명을 구하는 것을 보지 못하고 눈을 감았다.

영국 그리니치에 있는 국립해양박물관에 해리슨의 시계가 전시되어 있는데, 지금도 수많은 사람들이 이곳을 찾아와서 그것을 보고는 감탄을 금치 못한다. 존 해리슨은 역사상 가장 위대한 시계 제조공으로 그 이름을 영원히 떨치게 될 것이다.

그 후 시간이 많이 흘렀으니, 오늘날에는 시간을 어떤 방법으로 측정하는지 살펴보기로 하자.

아마 여러분 입에서 "이야!" 하는 감탄사가 나오게 될 것이다.

시간을 아주 정확하게
측정하는 시계

자신이 서 있는 곳의 위치를 알 수 있는 시계는 시작에 지나지 않았다. 오늘날에는 시간을 수십억 분의 1초도 틀리지 않게 정확하게 재는 방법들이 개발되었다. 그동안 기발한 시계들이 수많이 발명되었는데, 그중에는 24시간 시계도 있었다.

헷갈리는 24시간 시계

24시간 시계가 무엇인지 아는가? 그러니까 오후 5시를 17시로 표시하는 시계를 말한다. 헷갈리기만 한다고 생각되면 누가 이따위 시계를 만들었는지 알려 줄 테니 그 사람을 탓하라.

그 사람은 샌드퍼드 플레밍이라는 위대한 시계 전문가다. 그는 1876년 아일랜드의 밴도란 역에서 이 아이디어를 떠올렸다. 그는 놓쳐서는 안 되는 기차를 타기 위해 예정 시간보다 세 시간이나 일찍 역에 도착했다. 그래서 어떤 일이 일어났을까?

　플레밍은 12시간 동안 기다리면서 이런 식의 오해를 막을 수 있는 방법이 없을까 골똘히 생각했다. 그래서 생각해 낸 것이 바로 24시간 시계다. 이 시계를 사용하면 오전 5시를 오후 5시로 오해할 일이 없다.

　플레밍이 평생 동안 24시간 시계를 발명한 것 외에 별 대단한 일을 하지 않았더라면, 그는 그저 전 세계 사람들의 생활을 아주 약간 바꾸어 놓는 데 그쳤을 것이다. 그러나 그는 거기에 그치지 않고 아주 중요한 업적을 남겼다. 그래서 〈앗, 이렇게 재미있는 과학이!〉 시리즈에서도 명예의 전당에 그의 이름을 올려놓았다.

명예의 전당 : 샌드퍼드 플레밍(Sandford Fleming; 1827~1915)

국적 : 스코틀랜드 출신의 캐나다인

산더미 같은 파도 위에서 배가 이리 구르고 저리 구르자, 겁에 질린 승객들은 서로 부둥켜안고 기도를 했다. 그런데 요동치는 갑판 위로 얼어붙을 듯이  차가운 물보라가 얼굴에 튀고 맹렬한 바람이 옷을 벗길 듯이 부는 가운데, 한 젊은 과학자가 침착하게 바람의 방향과 속도를 재고 있었다.

고국인 스코틀랜드를 떠나 캐나다로 가서 새 삶을 펼치려던 플레밍의 꿈은 시작되기도 전에 끝날 것처럼 보였다. 플레밍은 편지를 병 속에 넣어 넘실대는 파도를 향해 던졌다. 누군가 그것을 발견해서 가족에게 전해 주길 바라며……. 실제로 어떤 사람이 그 병을 주웠고, 몇 달 뒤 플레밍의 가족은 폭풍 속에서 아들이 죽었다는 사실을 알게 되었다.

그러나 플레밍은 살아 있었다.

마지막 순간에 바람이 잠잠해졌고, 배는 무사히 캐나다에 도착했다. 플레밍은 캐나다에서 열심히 일한 끝에 최고의 철도 설계자로서 부와 명성을 거머쥐었다. 성공을 거둔 비결이 뭐냐고? 플레밍은 훌륭한 측량 기사(즉 철도 노선의 지도를 만드는 사람)였을 뿐만 아니라, 미술가로서도 재능이 있어서 캐나다 최초의 우표를 도안하기까지 했다.

플레밍은 정력도 넘쳤다. 그러니까 쉴 줄을 몰랐다는 이야기다. 무려 70군데나 되는 과학 협회에 가입했고, 배를 타고 여행할 때에는 건강을 위해 매일 배 위에서 약 5km를 걸었다. 나중에는 태평양 해저에 전신 케이블을 까는 일(이것은 뭐 플레밍에게는 잠깐 쉬는 일이었을 것이다.)에도 참여했다.

그렇지만 나는 플레밍이 성공을 거둔 진짜 이유는 시간에 있다고 생각한다. 그는 시간을 최대한 활용할 줄 알았다. 그는 단 1초도 허비하지 않겠다는 생각을 갖고 살았다. 일하지 않을 때에도 그림 연습을 하거나 새로운 종류의 롤러스케이트를 설계하거나 광물학에 관한 글을 썼다. 배 위에서 걸어 다니지 않을 때에는 다른 승객들을 위해 신문을 직접 썼다.

이처럼 플레밍은 시간을 아주 소중하게 여겼기 때문에 역에서 12시간을 허비하게 된 데 대해 그렇게 화를 냈던 것이다. 그리고 그 12시간 동안 반짝이는 아이디어들을 생각해냈다.

절묘한 시간대 아이디어

플레밍에게 전 세계를 지역에 따라 서로 다른 시간대 구역으로 쪼개야 한다는 생각이 떠올랐다. 그가 그 세부적인 내용까지 완벽하게 생각해 내는 데에는 2년의 시간이 걸렸다. 플레밍은 시간대를 모두 24개로 쪼갰다. 각각의 시간대는 경도 15°의 간격으로 나누었는데, 이것은 태양이 하늘에서 한 시간 동안 지나가는 거리에 해당한다. 같은 시간대 안에서는 모든 사람이 똑같은 시간을 사용해야 한다.

시간대는 정말로 대단한 아이디어였다. 시간대가 발명되기 전, 기차로 멀리 여행하는 것은 모기 발톱을 깎는 것만큼이나 어렵고 귀찮은 일이었다. 당시 텔레비전에서 기차 여행에 대해 어떻게 이야기했을지 한번 들여다보자(아, 물론 당시 텔레비전이 있었더라면 이랬을 거란 이야기다).

시간대가 도입되자, 철도 회사들은 이전보다 훨씬 간편하게 기차를 제 시간에 달리게 할 수 있었다. 그리고 전신(나중에는 전화)을 사용해 외국과 사업을 하는 사람들은 다른 나라의 시간이 몇 시인지 쉽게 계산할 수 있기 때문에 일을 수월하게 처리할 수 있었다. 그래서 결국 1884년에 어디를 하루가 시작되는 경도 0°로 정하는지를 놓고 약간의 논란을 거친 끝에 전 세계의 주요 국가들이 플레밍의 시간대 개념을 채택하게 되었다.

아래 지도는 시간대를 보여 준다. 여러분은 어느 시간대에 살고 있는가?

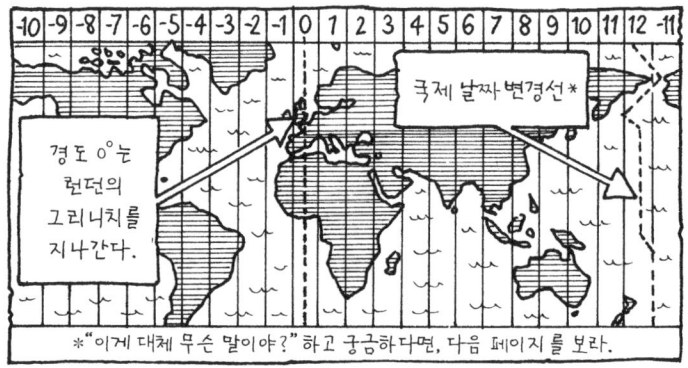

시간대가 어떻게 적용되는지 간단하게 설명해 보겠다. 경도 0°는 런던의 그리니치를 지나간다. 그리니치에서 동쪽으로 갈 때에는 시간대를 하나 지날 때마다 그리니치보다 한 시간씩 빨라진다. 반대로 서쪽으로 갈 때에는 한 시간씩 늦어진다.

좀 골치 아픈 부분이 있다면 국제 날짜 변경선을 넘어갈 때다. 이 선은 태평양 한가운데를 지나가는 서경 180° 선이다. 이곳은 그리니치에서 동쪽으로 가면 그리니치보다 시간이 12시간이 늦고, 서쪽으로 가면 12시간이 빠르다. 이렇게 되면 서경 180° 지점은 날짜가 언제냐 하는 질문이 생기게 된다. 어떻게 같은 장소인데, 그리니치보다 12시간이 빠르면서도 12시간이 느릴 수 있단 말인가? 우리는 사정을 알아보기 위해 설레발 씨를 보트(큰돈을 들여 마련했음)에 태워 그곳으로 파견했다.

자, 이제 답을 얻었지? 국제 날짜 변경선에서는 두 날짜가 24시간 간격으로 나란히 붙어 있다. 그래서 이 선을 넘어갈 때에는 날짜를 하루 바꾸어야 한다. 왜 국제 날짜 변경선이라 부르는지 알겠지?

★ 요건 몰랐을걸!

미국에서도 찰스 다우드라는 교사가 샌드퍼드 플레밍이 생각한 것과 비슷한 선을 생각하고 있었다. 다우드는 미국을 여러 시간대로 나눔으로써 열차 시간표 문제를 해결할 수 있다고 제안했다. 그렇지만 아무도 그의 말에 귀를 기울이지 않았다. 그러다가 1883년에 미국의 주요 철도 회사들이 다우드가 제안한 것과 같은 해결책을 들고 나왔다. 그러나 기차를 제 시간에 달리게 하려고 많은 세월을 바쳐 연구했던 다우드는 불행하게도 1904년 기차에 치여 죽고 말았다. 살아생전에 운이 없었던 다우드는 죽어서도 운이 없었다. 그를 추도하는 청동 기념패가 교회에 보관되었는데, 1976년에 화재가 나는 바람에 녹아 없어지고 만 것이다.

시간대에 관한 끔찍한 사실

1. 국제 날짜 변경선은 육지를 요리조리 피하며 구불구불 그어져 있다. 그중 일부는 하와이 제도 근처의 모렐 바이어스 제도를 피해 가기 위해 구불구불 그어졌는데, 나중에 가서야 그런 섬들이 없다는 사실이 밝혀졌다. 지도 제작자의 실수였던 것!

2. 미국에서는 일부 도시가 시간대를 받아들이길 거부했다. 디트로이트는 두 시간대의 경계 지점에 위치해 있었는데, 어느 시간대에 들어갈지를 놓고 여러 차례 결정을 바꾸었다. 그에 따라 시민들의 시간도 왔다 갔다 했다.

3. 1852년, 그때까지 지방시를 사용하던 영국은 그리니치의 왕립 천문대 시간을 표준으로 채택했다. 많은 사람들이 자신이 사는 곳의 지방시가 사라지는 데 몹시 기분이 상했고, 그에 따라 큰 논란이 일어났다. 버밍엄에서는 에이브러햄 오슬러(1808~1903)라는 과학자가 아무도 보지 않을 때 공공장소의 시계를 런던 지방시에 맞추어 놓았다. 브리스틀의 한 늙은 시의회 의원은 새로 바뀐 시간을 받아들이지 않았다. 그래서 그는 몇 년 동안 모든 것에 14분씩 늦었다.

모든 것에 늦고도 무사할 수 있는 핑곗거리

약속에 늦은 뒤 좋은 핑곗거리가 없을까 고민한 적이 없는지? 상상만 해도 행복하지 않은가! 얼마든지 게으름을 피우고 살더라도 늦는 것에 대해 걱정하지 않아도 된다면 말이다! 원하면 얼마든지 늦은 시간에 잠자리에 들어도 되고, 얼마든지 늦게 일어나도 된다. 구미가 당기지? 계속 읽어 보라! 여러분은 그저 미소를 지으면서 이렇게 설명하면 된다.

아주 중요하고 꼭 필요한 과학적 충고

진짜로 이렇게 말했다간 아마도 끔찍한 질문과 고문을 받게 될지도 모른다. 그러니 여러분은 지방시가 무엇인지 정확하게 알고 있어야 한다. 지방시는 모두가 따르는 시간대의 표준시가 아니라, 바로 그 지역에 태양이 남중하는 시간을 정오로 삼은 시간을 말한다. 현지 시간이라고도 한다.

직접 해 보는 실험 : 여러분이 서 있는 곳의 지방시는?

준비물 :

시간대가 표시된 지도

자

계산기

실험 방법 :

1. 여러분이 속한 시간대의 동쪽 경계선을 찾아낸다.
2. 여러분이 서 있는 장소를 지도 위에서 찾아낸다.
3. 자를 사용해 여러분이 서 있는 장소가 동쪽 경계선에서 얼마나 떨어져 있는지 잰다. 계산기와 지도의 축척을 이용해 그 거리가 몇 킬로미터인지 계산한다.

실험 결과 :

이미 알고 있겠지만(79쪽에서 이미 나왔다), 태양은 하늘에서 일정한 속도로 움직이는 것처럼 보인다. 따라서 킬로미터로 표시된 거리를 20.1로 나누면, 여러분이 서 있는 장소의 지방시가 공식적인 표준시보다 얼마나 느린지 분으로 나온다. 그러니까 이것만 있으면, 여러분은 늘 그 시간만큼 늦어도 되는 핑곗거리가 생긴다. 어때? 귀찮아도 한번 해 볼 만하겠지?

어, 잠깐만! 설레발 씨가 돌아온 것 같은데, 무슨 일일까?

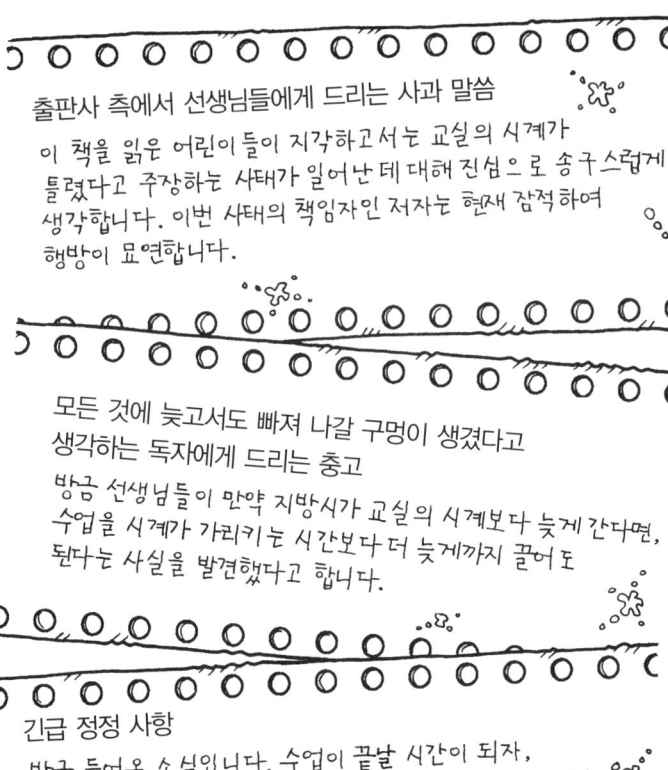

음, 이제 더 이상 내가 숨어 다니지 않아도 될 것 같다.

나는 그저 오늘날 우리는 시간(표준시와 지방시 모두)을 아주 정확하게 측정할 수 있다는 사실을 말하고 싶었을 뿐이다. 게다가 시간 측정을 도와주는 놀라운 시계들도 발명되었다. 여러분이 손목에 차고 다니는 그 조그마한 시계도 아주 경이로운 기계다.

놀라운 시계

수정 시계는 전지에서 나온 전기를 아주 작은 수정(수정은 광물의 일종이다.) 조각을 통해 흐르게 함으로써 작동한다.

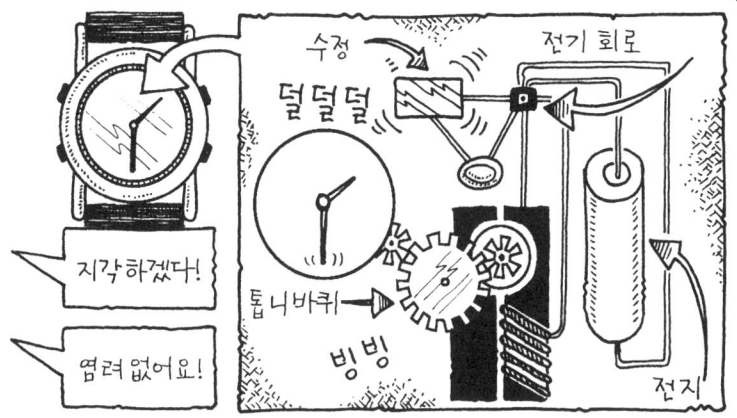

수정은 일정한 속도로 매초 3만 2768번 진동한다. 수정은 이런 방법으로 시간을 재고, 전기 펄스를 발생하여 시계 바늘을 돌리는 전동기를 움직인다.

> ★ 요건 몰랐을걸!
>
> 여러분의 손목시계 속에 들어 있는 수정은 진동할 때 고주파의 소리를 낸다. 만약 여러분의 귀가 그것을 들을 수 있을 만큼 예민하다면, 아마 미치고 말걸?

그럼, 또 잠깐 광고 말씀을 전하고, 잠시 후에 돌아오겠다. 다른 데로 달아나지 말고, 계속 읽기 바란다.

뭐, 그 정도쯤이야. 부모님께 크리스마스 선물로 사 달라고 그러지 뭐.

지금쯤 여러분이 무슨 생각을 하고 있는지 나는 환히 안다. 시간에 관한 이야기는 이만하면 다 나왔겠구나 하고 생각하겠지? 시간은 우리가 다룰 수 있게 충분히 길들여졌고, 정확하게 측정되고 이해되었다. 무엇보다 우리에겐 정확한 시계가 있고, 시간대도 있으며, 이제 누구나 지금이 몇 시인지 알고 있다!

음, 과연 그럴까?

여러분은 하루가 24시간이라는 건 알고 있겠지? 그러나 사실은 그렇지 않다…….

★ 요건 몰랐을걸!

밀물과 썰물로 인한 바닷물의 마찰 때문에 지구의 자전 속도가 느려지고 있다. 그래서 매일 0.00000002초씩 하루의 길이가 길어지고 있다. 마지막 수업 시간이 왜 이렇게 길까 하는 느낌이 드는 것은 이 때문일까? 그렇다면 사람들이 새천년을 축하하기 위해 불꽃놀이를 하고 난리법석을 피운 것이 다 엉뚱한 시간이었단 말인가?

다행히도, 지금은 그 귀찮은 수억 분의 몇 초까지 정밀하게 추적하여 시간을 정확하게 측정할 수 있는 과학 장비가 있기 때문에, 더 이상 이런 문제는 논란거리가 되지 않는다. 이 장비가 얼마나 정확한가 하면 수만 년에 1초 정도밖에 틀리지 않는다. 그 장비의 이름은 바로 원자시계!

놀라운 원자시계

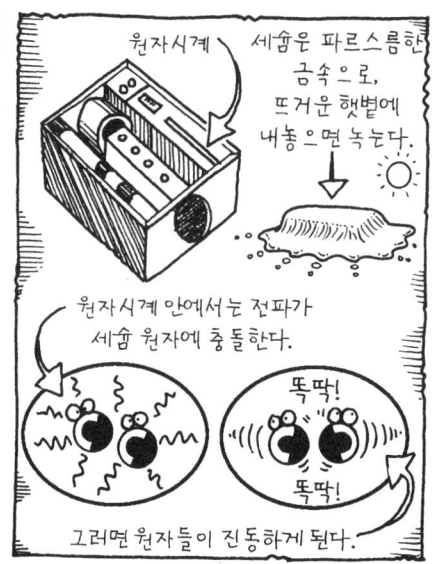

원자시계의 작동 원리는 다음과 같다.

원자시계는 1948년에 미국 과학자들이 발명했고, 그 후 미국과 영국에서 만들어졌다. 원자시계는 그 정확성 때문에 큰 성공을 거두었으며, 1967년에는 전 세계 국가들이 세슘 원자의 진동에 기초해 시간을 정하기로 합의했다.

오늘날 1초는 세슘 원자가 91억 9263만 1770번 진동하는 시간으로 정해져 있다. 따라서 한 시간은 세슘 원자가 33조 934억 7437만 2000번 진동하는 시간이다. 오늘날 시간은 파리에 있는 국제도량형국에서 관리하는 전 세계 50개의 원자시계로 측정되고 있다. 그것은 달까지의 거리를 머리카락 한 올 굵기보다 차이가 나지 않게 측정하는 것만큼이나 정확하다. 정말 놀랍지?

이것은 지구의 자전 운동에 기초해 측정한 시간보다 훨씬 정확하다. 따라서 공식적인 시간을 지구의 자전 속도와 맞추기 위해서는 '윤초'를 추가할 필요가 있다. 음, 또 설레발 씨가 나섰군!

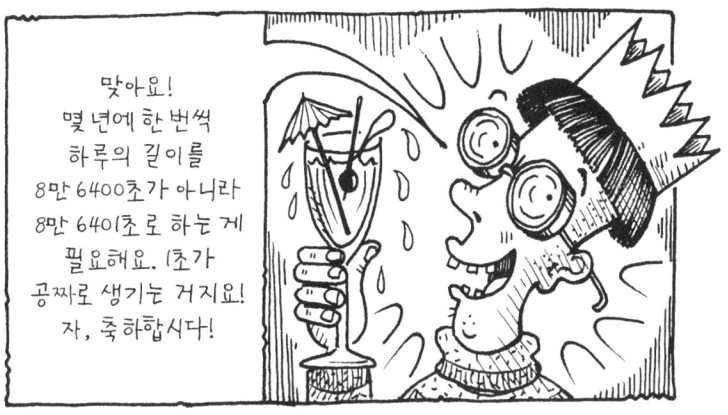

그래서 지금은 더 이상 지구의 자전을 기준으로 시간을 측정하지 않는다. 이제 시간 측정은 잠시도 가만 있지 못하고 흔들거리는 원자를 기준으로 삼고 있다. 그런데 시간을 수십억 분의 1초까지 정확하게 재고 싶어 하는 사람들이 있을까? 물론이지. 과학자들이 있잖아! 과학은 모든 걸 정밀하게 측정하려고 하는데, 거기에는 시간도 포함된다. 138쪽에서 보게 되겠지만, 시간 실험에서는 정말로 아주 정밀하게 시간을 재어야 한다.

비행기에 설치된 항법 장치 역시 시간을 정확하게 재는 게 필요하다. 10억분의 1초만 오차가 생겨도 비행기는 정해진 항로에서 30센티미터 가량 벗어날 수 있다. 그랬다간 활주로 대신에 악어가 우글거리는 늪에 착륙할지도 모른다.

그러니 다음에 비행기를 타거든 제발 세슘 원자가 졸지 않고 제대로 흔들리게 해 달라고 기도하라.

> ★ 요건 몰랐을걸!
>
> 2001년, 미국 과학자들은 광파를 사용해 시간을 재는 시계를 만들었다. 이 시계는 150억 년에 1초밖에 틀리지 않는다고 한다! 음, 이제 악어들은 오랫동안 굶게 생겼군.

끊임없이 진동하는 원자 덕분에 우리는 시간을 아주 정확하게 잴 수 있다. 시간은 강물처럼 과거에서 미래를 향해 항상 똑같은 속도로 흐르기 때문에, 우리는 시간이 갑자기 느리게 흐르는 일 따위는 일어나지 않는다고 생각하고 시계를 맞출 수 있다. 그런데 과연 그럴까? 설레발 씨가 또 나섰는데…….

앞에서 이미 우리가 만나 본 과학계의 슈퍼스타가 굉장한 사

실을 발견했는데, 그것은 우리가 알고 있던 모든 것을 용광로 속으로 집어던져 버렸다. 사실, 시간은 느리게 흐를 수도 있다고 한다! 그리고 그것은 우리가 얼마나 빨리 움직이느냐에 따라 달라진다고 한다.

도대체 무슨 소리인지 감을 잡을 수 없다면, 다음 장을 읽어 보시라.

자, 이제 안전벨트를 단단히 매는 게 좋을걸.

시간은 늘 같은 속도로 흐를까?

　조금 전에 말했듯이 시간의 흐름은 여러분이 움직이는 속도에 따라 달라진다. 누가 이 터무니없는 생각을 해냈느냐고? 바로 알베르트 아인슈타인이다!

　아인슈타인이 주장한 개념을 이해하려면 특수 상대성 이론을 알아야 한다. 아인슈타인은 1905년에 이 이론을 생각해 냈다. 그리고 같은 해에 그는 원자가 실제로 존재한다는 것도 증명했다.

　그런데 잠깐! 방금 우리의 유쾌한 친구 돈조아 탐정이 아인슈타인의 이론이 정말 옳은지 실험하고 있다는 소식이 들어왔다. 돈조아 탐정을 찾아가기 전에 먼저 여러분이 알아야 할 단어가 있다.

소름 끼치는 과학 용어

과학자 왈,

> 이것의 질량을 재야 해.

> 그럼, 여러분은 이렇게 말하겠지?

> 질량이라면 산양 비슷한 건가요?

> 답 : 질량이란 어떤 물질이 가지고 있는 물질의 양을 말한다. 무게는 질량과 중력의 세기에 따라 달라지는데, 달나라에서 장대높이뛰기 경기에서 세계 신기록을 세우기 쉬운 때문이야.

곧 알게 되겠지만, 질량은 시간과 공간을 이해하는 데 꼭 필요한 개념이다.

시간(그리고 공간) 속에서 실종된 돈조아 탐정

지금까지의 이야기……

두려움을 모르는 돈조아 탐정은 잘못된 시간 여행 실험의 후유증에서 서서히 회복하고 있었다. 그리고 그날 밤, 그는 갑자기 눈을 떴다.

사이비 교수의 실험실에서 바스락거리는 소리가 들려왔기 때문이다. 교수는 세상 모르고 코를 골며 자고 있었다. 혼자서 충분히 일을 처리할 수 있다고 자신한 나는 실험실로 몰래 들어갔다. 교수가 기르는 멍청한 고양이도 내 뒤를 따라왔다. 실험실 안에는 더듬이가 달린 조그마한 녹색 친구가 기계 주위에서 서성이고 있었다! 그러더니 광선총을 꺼내 기계를 향해 발사했다.

나는 그가 평범한 악당이 아니라는 걸 알았지만, 침착하게 일을 처리하기로 했다. "이봐, 친구! 혹시 행성을 잘못 찾아온 거 아냐?" 내가 위엄 있는 목소리로 물었다.

음, 이 ET는 내 목소리가 마음에 들지 않았나 보다. 내가 손 쓸 틈도 없이 광선총을 쏘아 나를 기절시키고 말았다. 눈을 떴을 때, 나는 비행접시 안에 있었다. 그것만 해도 충분히 나쁜데, 이 악당 외계인은 고양이까지 납치해 왔다!

정신을 차리고 상황을 살펴보니, 우리는 우주를 날고 있었다. 캄캄한 하늘이 끝없이 펼쳐져 있고, 별들이 사방에서 반짝이고 있었다. 나는 이렇게 많은 별을 본 적이 없다. 지구는 저 멀리서 아주 조그맣게 보였다. 한편, 미천한 고양이 녀석은 자기 엉덩이를 핥으며, 벼룩이 있는지 몸을 벅벅 긁고 있다. 그 조그마한 녹색 외계인은 블러브 행성에서 온 퉁가리라고 했다. 자신의 임무는 지구인이 만든 타임머신을 파괴하는 것인데, 그 이유는 지구인은 너무 멍청해서 그 기술을 현명하게 사용할 수 없기 때문이란다.

그 말을 듣고 나는 가만히 있을 수 없었다.

"이봐! 여기 이 미천한 동물에게는 멍청하다는 표현이 어울려. 하지만 나는 여느 외계인 못지않게 똑똑하다고!"

퉁가리는 잠시 생각에 잠기더니, 내 말이 사실이라면 아인슈타인이라는 사람이 발견한 시간과 공간에 관한 간단한 법칙 몇 가지쯤은 알고 있을 것이라고 말했다.

"내가 이 레이저 광선총을 쏘면, 거기서 나가는 빛의 속도는 얼마일까?"

나는 잠시 생각하다가 답을 말했다. 그러나 사실은 무식을 통째로 드러낸 꼴이 되고 말았다.

"하하! 이런 유치한 문제를! 그야 빛의 속도에다가 우주선의 속도를 더한 거지."

퉁가리는 나를 불쌍하다는 눈초리로 바라보았다.

"어리석은 인간 같으니라고! 그래도 빛의 속도는 똑같아. 우주선이 어떤 속도로 달린다 하더라도, 광선총에서 나가는 빛의 속도는 항상 똑같단 말이다! 아인슈타인을 안다면, 이 정도는 상식으로 알고 있을 텐데!"

과학적 사실

빛의 속도는 초속 약 30만 km. 이것은 1초에 지구를 일곱 바퀴 반이나 돌 수 있는 속도다.

그 말을 듣자, 나는 화가 치밀어 소리를 꽥꽥 지르기 시작했다.

"이봐, 당장 그 말 취소해! 아인슈타인인지 뭔지 하는 그런 친구 이름은 들어 본 적도 없어!"

그러나 퉁가리는 들은 척도 하지 않았고, 그 다음에 일어난 일은 내 속을 뒤집어 놓았다.

"아인슈타인은 광속의 75퍼센트 속도로 달릴 때 어떤 일이 일어나는지 정확하게 예측했지."

퉁가리는 이렇게 말하면서 우주선의 속도를 높였다.

이건 정말 나쁜 소식이었다. 무엇보다 나는 멀미가 심하기 때문이다. 그렇지만 우주선에서 내릴 방법이 없었다. 우주선이 앞으로 질주하자, 별들이 우리를 향해 쏜살같이 달려오는 것 같았다. 나는 우주선이 아주 빠른 속도로 달린다는 사실을 알고 있고, 내 위장도 알고 있다. 심지어 고양이도 표정이 좋지 않았다.

"우리 우주선은 진행 방향으로 길이가 줄어든 것처럼 보이지." 퉁가리가 화면의 그림을 보여 주며 말했다. 그러고는 이렇게 덧붙였다.

"그리고 우리의 질량은 증가해."

이 모든 과학 이야기는 무거운 짐처럼 내 머리를 짓눌렀다.

이 외계인은 이런 이야기를 하는 게 지겹지도 않나! 지겨운 이야기는 끝날 줄을 모른다. 이번에는 외계인 비디오를 보여 주었는데, 지구에 있는 교수의 시계가 나왔다. 퉁가리의 녹색 얼굴은 잘난 체하는 표정을 짓고 있었고, 내 얼굴은 다른 이유 때문에 녹색으로 변했다.

"그리고 우리 블러브 행성에서 만든 초정밀 시간 측정기는 원시적인 지구의 시계에 비해 천천히 흘러가지."

이 징그러운 외계인은 정말 모르는 게 없는 것 같다! 교수의 시계에 붙어 있는 바늘은 아주 빠른 속도로 돌고 있었다. 그렇지만 내 속도 그만큼 빠른 속도로 울렁거렸다.

"혹시 비닐봉지 같은 거 없어?"

내가 헐떡거리며 말했지만, 이 재수 없는 외계인은 들은 체도 않고 과학 이야기만 한다.

"그렇지만 우리는 시간이 느려진 걸 느낄 수가 없어. 모든 것이 느려졌기 때문이지. 두 개나 되는 나의 초고성능 뇌와 하나뿐인 네 원시적인 뇌도 아주 느리게 작용하거든. 만약 지구에 있는 사람이 네 목소리를 들으면, 아주 느릿느릿하고 낮은 소리로 들릴 거야."

나는 입에 손을 갖다 대고는 땀을 삐질삐질 흘렸다. 아주 천천히.

"더 이상 못 참겠어!" 나는 경고했다.

그렇지만 설레발 씨는 이 이야기에 무척 언짢은 표정을 짓고 있다.

알았어요, 설레발 씨! 그만 진정해요. 과학자들은 외계인이 지구를 방문했다고 생각하지 않는다. 그렇지만 우리 은하에는 별들이 아주 많기 때문에, 어딘가에 외계인이 살고 있을 가능성이 높다고 생각한다. 그리고 아주 빠른 속도로 여행하면 시간이 느려진다고 했는데, 그것은 사실이다! 과학자들은 실제로 그런 일이 일어난다는 것을 증명했다! 정말이라니까!

나도 아인슈타인이 될 수 있을까? - 제1부*

* 제2부는 137쪽에 나옴

여러분은 다음 실험들의 결과를 예측할 수 있는가?

1. 뮤온(muon)은 원자보다도 작은 입자로, 수명은 100만분의 2초에 불과하다. 과학자들이 실험실에서 뮤온을 만들었을 때 어떤 일이 일어났을까?

a) 더 빠른 속도로 움직일수록 수명이 짧아져 금방 사라졌다.
b) 더 빠른 속도로 움직일수록 수명이 길어져 더 오래 존재했다.
c) 더 느린 속도로 움직일수록 수명이 길어져 더 오래 존재했다.

2. 1971년, 미국의 두 과학자가 비행기에 원자시계를 싣고 지구를 한 바퀴 돌게 했다. 이 실험에서 어떤 사실이 발견되었을까?

a) 비행기가 착륙했을 때 출발하기 전에 비해 원자시계의 시간이 30분 앞서 있었다.
b) 하늘을 날고 있는 동안에는 시간이 느리게 흘러갔다.
c) 날고 있는 동안 시간이 빨리 흘러갔다.

> 답 : 둘 다 정답은 b). 이것은 특수 상대성 이론에서 나오는 것처럼, 속도가 빨라지면 시간이 느려지기 때문이다. 과학자들이 얻은 결론은 '시간 지연 효과' 라 부른다.
> 1. 1978년, 과학자들이 만든 생쥐에 가두어 속도를 높였다. 우주선(宇宙船)이 지상 20km 상공에서 5기 원자 중력을 자전거으로 발생했다.
> 2. 지상에 있는 원자시계와 비교했을 때, 비행기에 실린 원자시계가 0.0000027초 늦게 갔다. 그러니까 과학자들이 지상에 대기에 주신, 그들은 0.0000027초 늦은 미래 세계로 간 것이다.

"흥, 거 참 대단하군!" 지금 이렇게 코웃음을 치는 독자가 분명히 있을 것이다. 일리가 있는 코웃음이다. 그까짓 거 가지고 무슨 난리람! 비행기의 속도는 광속의 100만분의 1에 불과하다. 그러니 여러분이 비행기를 타고 평생 동안 달린다 하더라도, 그냥 지상에서 살아가는 것보다 겨우 1000분의 1초 정도 오래 살 수 있을 뿐이다.

그렇지만 기운을 내라. 여러분은 지상을 떠나지 않고도 미래로 여행을 할 수 있으니까……. 사실은, 우리는 떠나지 않으면 안 된다!

여러분과 나 그리고 고양이는 이미 시간 여행자

시간 지연 효과 때문에 여러분과 나, 여러분의 애완 고양이와 금붕어 그리고 지구 상의 모든 사람은 사실상 시간 여행자다! 사실이다. 지금 이 순간에도 지구는 우주 공간에서 태양 주위를 빠른 속도로 돌고 있고, 태양과 지구는 우리 은하 주위를 돌고 있고, 우리 은하는 국부 은하군 속에서 달려가고 있다. 어때? 이제 좀 어지러운 게 느껴지지 않는가?

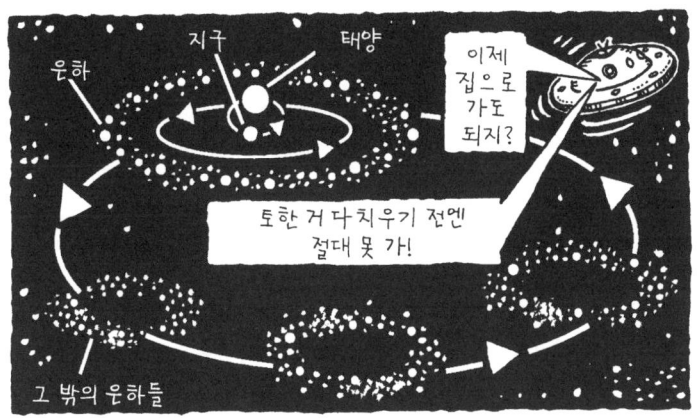

이 모든 걸 합치면, 우리는 우주 공간에서 초속 350km로 달리고 있는 셈이다. 이것 역시 광속에 비하면 아무것도 아니지만, 지구에서 1초의 길이를 100만분의 1만큼 늘이는 효과가 있다. 그러니까 여러분이 아주 느릿느릿 움직이는 행성에서 지구로 놀러 와 평생 동안 살다가 고향으로 돌아가면, 40분 후의 미래 세계에 도착하게 된다는 이야기다!

다시 한 번 요약해 보자. 우리는 빨리 여행하면 시간이 느려진다는 사실을 보았다. 그러나 아인슈타인의 특수 상대성 이론은 과학자들이 시간을 바라보는 눈을 완전히 바꾸어 놓았다. 다음 장에서 여러분의 눈도 바뀌게 될 것이다.

시간은 양파와 같고, 이 책은 그 껍질을 한 겹 한 겹 벗겨 가면서 시간에 관한 모든 수수께끼를 설명하겠다고 했던 것을 기억하고 있는지?

이제 우리는 그 양파의 거의 한가운데까지 이르렀다. 그런데 여기서 이 책은 여러분의 머리를 터지게 할 정도로 엄청나게 어렵고 복잡하게 변한다.(분명히 경고했다!)

알쏭달쏭한 시공간

시간이 무엇인지는 알고 있지? 또 공간이 무엇인지도 알 것이다. 그런데 이 장에서는 더 이상 시간과 공간을 따로 떼어 말하지 않을 것이다. 왜냐하면, 시간과 공간은 발과 발가락처럼 서로 붙어 있기 때문이다. 농담이 아니다! 시간과 공간은 동전의 양면과 같다. 과학자들은 시간과 공간이 합쳐져 있는 이것을 '시공간'이라고 부른다. 만약 이 말을 듣고 여러분의 머리가 목 위에서 완전히 한 바퀴 빙 돌았다면, 다음 몇 페이지의 공간에서 시간을 약간 보내는 게 좋을 것이다.

시공간에서 여러분의 머리를 한 바퀴 돌리는 방법(비교적 쉬운 초보자 코스 3단계)

1. 우리 세계에는 세 가지 방향(곧 차원)이 있다는 건 여러분도 알 것이다. 그러니까 위아래 방향, 좌우 방향, 앞뒤 방향이 있다.

아래에 우리의 훌륭한 화가가 내가 말한 것을 설명하기 위해 3차원 개를 그렸다. 고마워요, 토니!

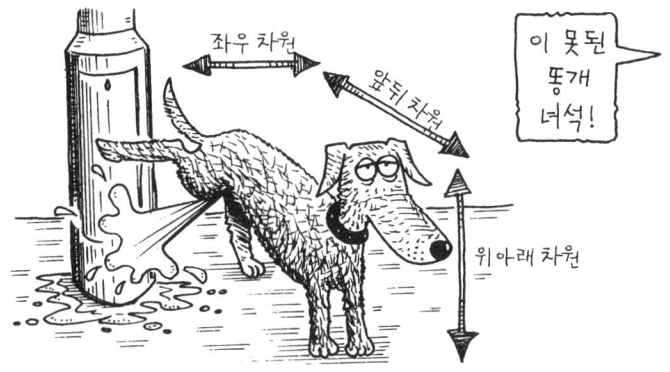

2. 시공간에서는 시간을 공간의 네 번째 차원(혹은 방향)으로 생각해야 한다. 여러분이 시공간에서 어느 지점에 있는지 보여주기 위해 과학자들이 특별한 다이어그램을 그렸다.

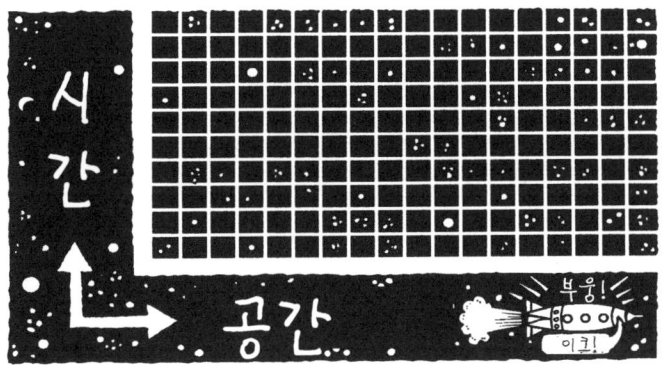

3. 그러니까 시공간 속에 사는 여러분이 공간 여행을 계획한다면, 공간상의 위치뿐만 아니라 시간상의 위치도 알아야 한다. 우주선 갈팡질팡호를 타고 여행하는 히죽이 선장의 모험을 통해 시공간이 어떻게 작용하는지 살펴보기로 하자.

선장의 항행 일지

우주력: 2090년 201일

아직도 엔진 수리 중이다.

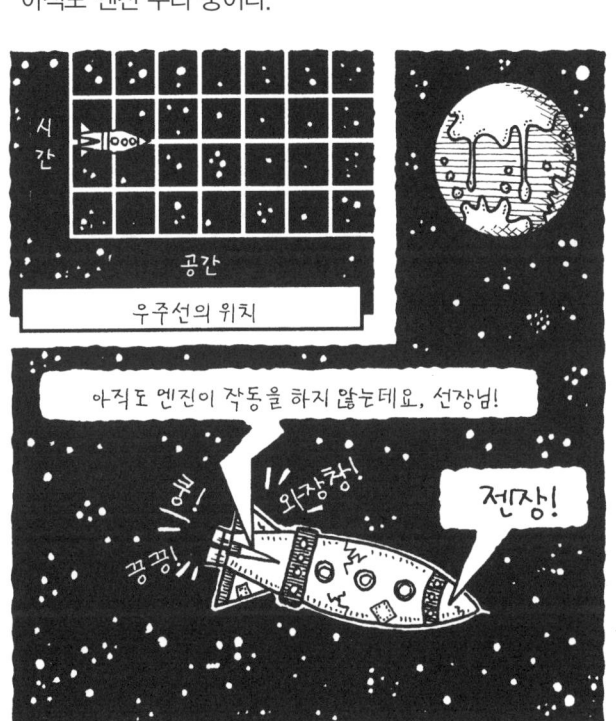

저자의 잔소리

뭔가 변한 걸 눈치 채지 못했는지? 우주선은 시간상에서는 하루 이동했지만, 공간상에서는 계속 고장 난 상태이기 때문에 제자리에 머물러 있다.

여러분은 내가 시공간에 대한 이러한 생각을 어디서 얻었는지 궁금하지? 내가 스스로 발견했을까? 오, 그랬으면 얼마나 좋을까! 사실, 시공간 개념은 아인슈타인에게 수학을 가르친 스승이 생각해 냈다! 독자 여러분을 위해 죽은 사람도 불러낸다는 텔레비전 프로그램에 그분이 출연하도록 섭외했다.

명예의 전당: 헤르만 민코프스키(Hermann Minkowski; 1864~1909)

어린이 독자를 위한 잔소리

위인의 좋은 점은 쳐다보지도 않고, 꼭 나쁜 점만 따라 하려는 어린이가 있다! 그렇지만 수학 수업에 빠지고, 친구의 공책을 베낀다고 해서 모두 천재가 되는 것은 아니다!

　아인슈타인의 특수 상대성 이론이 검증을 거치며 과학계에 받아들여지기까지는 시간이 한참 걸렸고, 그동안 아인슈타인은 계속 특허국의 말단 공무원으로 일했다. 1907년에 대학에서 학생들을 (무보수로)가르치지 않겠느냐는 제의를 받았지만 그는 거절했다. 다음 해에는 과학을 가르치는 자리를 얻었지만, 수업을 들으러 온 학생은 단 세 명뿐이었다!

　그 무렵 아인슈타인은 엄청나게 복잡하고 어려운 수학에 몰두하고 있었다.

　특수 상대성 이론은 아주 빠른 속도로 달릴 경우에 일어나는 현상을 다루지만, 중력에 관해서는 한 마디도 언급하지 않는다. 그래서 아인슈타인은 시공간을 중력과 결합시키는 이론을 만들고 있었다. 이것은 생각보다 훨씬 어려웠다.

무엇보다도, 그 이론을 만드는 데 필요한 수학은 아인슈타인이 알고 있는 것보다 훨씬 어려웠다. 그러게, 학교 다닐 때 열심히 할 것이지! 몇 년 동안 악마 같은 수학을 붙잡고 씨름하다가 그는 결국 이렇게 털어놓았다.

하는 수 없이 아인슈타인은 친구인 마르셀 그로스만에게 도와 달라는 편지를 보냈다. 맞다, 학교 다닐 때 수학 공책을 보여준 바로 그 친구였다.

그로스만이 도와준 덕분에 아인슈타인은 실제로는 시공간이 물체(질량)를 향해 끌려가기 때문에 중력이 생겨난다는 사실을 깨달았다!

유레카! 이렇게 해서 아인슈타인은 생애 최고의 발견을 하게 되었으니, 그게 바로 일반 상대성 이론이다!

아인슈타인의 썰렁한 농담

보통 과학자와는 달리 아인슈타인에게는 유머 감각이 있었다. 1949년에 그는 이렇게 말했다. "활활 타는 숯불 위에 앉아 있어 보세요. 1분이 한 시간처럼 느껴질 겁니다. 그게 바로 상대성입니다!"

시간 여행에 관심이 많은 독자들은 이 말을 곧이곧대로 듣고 이 실험을 해 보려고 하진 말기 바란다. 그것은 상대성 이론하고는 아무 관계도 없으니까. 상대성 이론에 관한 자세한 내용은 다음 X-파일을 보라.

시간에 관한 X-파일

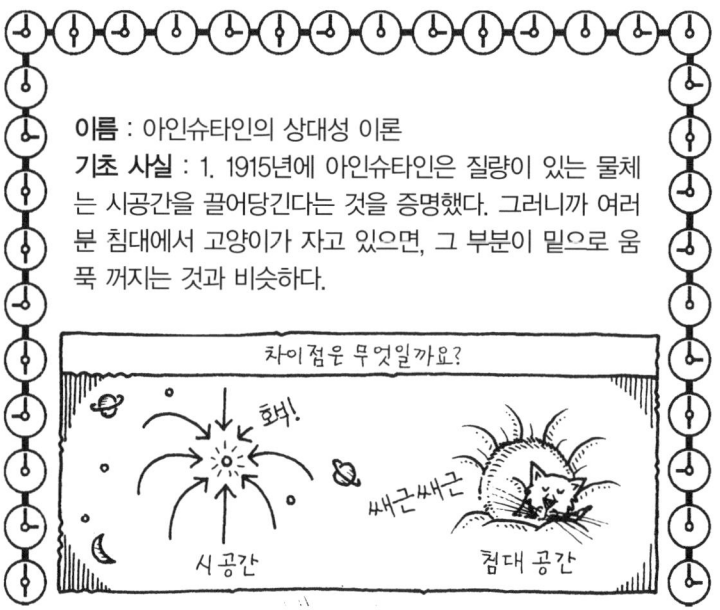

이름 : 아인슈타인의 상대성 이론
기초 사실 : 1. 1915년에 아인슈타인은 질량이 있는 물체는 시공간을 끌어당긴다는 것을 증명했다. 그러니까 여러분 침대에서 고양이가 자고 있으면, 그 부분이 밑으로 움푹 꺼지는 것과 비슷하다.

2. 여러분이나 고양이가 시공간을 끌어당기는 힘은 눈물겨울 정도로 미약하다. 만약 시공간을 강하게 끌어당기고 싶다면, 질량이 아주 커야 한다. 예컨대, 지구를 보라!

3. 지구 근처를 지나가는 우주선은 지구를 향해 끌려가게 되는데, 이것은 지구 주위의 시공간이 구부러져 있기 때문이다. 이러한 효과를 우리는 '중력'이라고 부른다. 지구에 가까운 곳일수록 지구는 시공간을 더 강하게 끌어당긴다. 여러분이 트램펄린 위에서 아무리 높이 뛰어도 지구를 탈출할 수 없는 것은 이 때문이다.

섬뜩한 비밀 : 엄청나게 큰 질량이 아주 작은 공간에 압축돼 있으면, 그곳의 시공간은 아주 심하게 구부러진다. 거기에 가까이 다가가는 사람은 몸이 산산이 분해되고 말 것이다 (151쪽 참고)

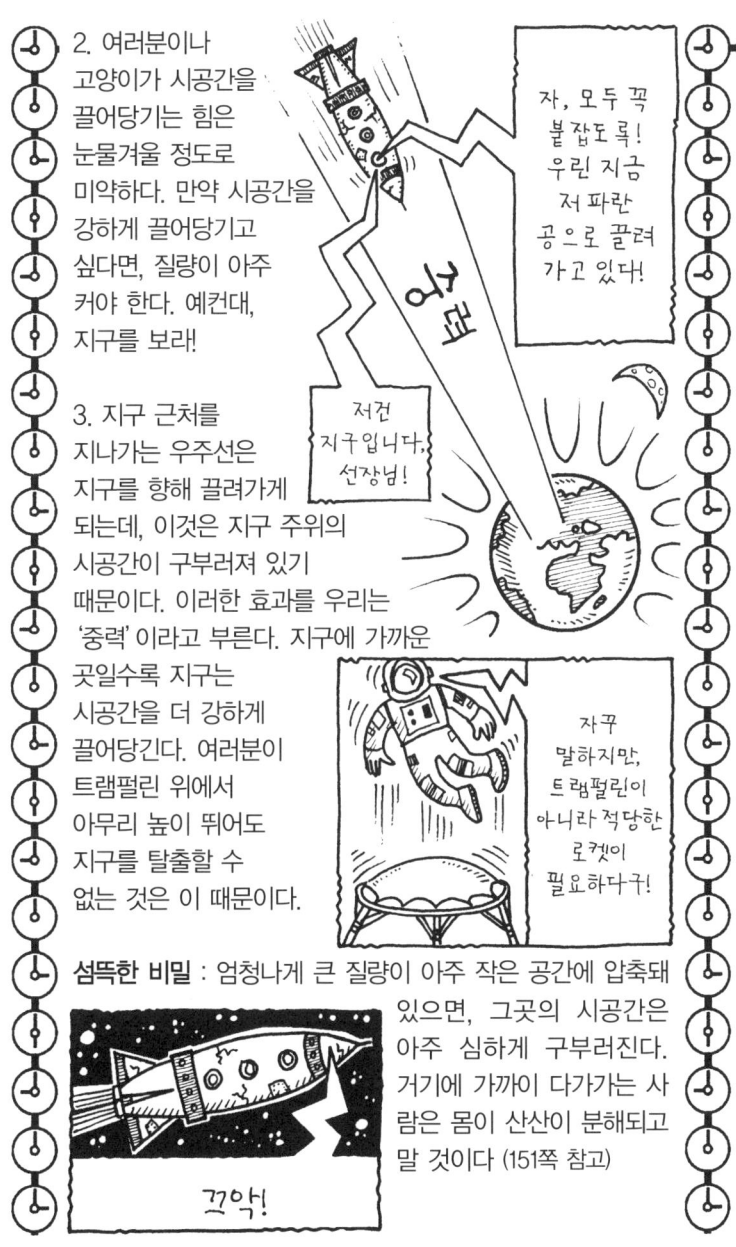

직접 해 보는 실험 : 질량이 어떻게 시공간을 구부러지게 할까?

준비물 :

실험 방법 :

1. 필요하면 그물을 가위로 잘라 편평하게 펼친다(어린 독자는 어른에게 해 달라고 하라).
2. 그물을 그릇 위에다 덮는다. 이 그물이 바로 시공간이다.
3. 고무 밴드를 사용해 그물을 그릇에 단단히 고정시킨다.
4. 그물 위에다 고무공을 올려놓는다. 이번에는 고무공을 치우고 탁구공을 올려놓는다.

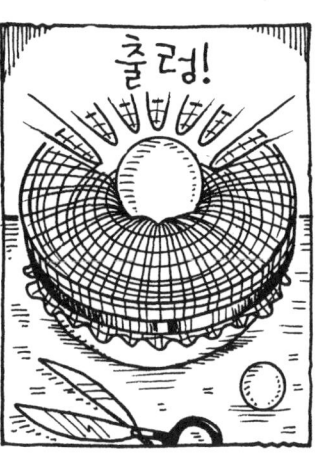

실험 결과 :

고무공은 질량이 더 크기 때문에 시공간이 더 움푹 가라앉을 것이다. 탁구공을 올려놓으면 시공간은 약간만 가라앉는다. 이번에는 두 공을 모두 그물 위에 올려놓고, 두 공이 행성이라고 상상해 보라. 그러면 두 행성이 서로 끌어당기면서 충돌하는 대형 사고가 일어나게 된다. 아, 물론 이 모든 것은 과학을 위한 숭고한 희생이다.

시간을 느리게 가게 만드는 중력

질량이 시공간을 구부러뜨리는 효과 때문에, 질량이 큰 물체(지구처럼)에 가까이 다가갈수록 시간이 느려지게 된다. 이 말이 이상하게 들릴지 모르지만, 과학자들은 아인슈타인이 옳은지 확인할 수 있는 기발한 실험을 고안했다.

나도 아인슈타인이 될 수 있을까? - 제2부

아래 실험 중 실제로 일반 상대성 이론을 입증한 것은 무엇이고, 그냥 지어낸 이야기는 무엇일까?

a) 달에 있는 시계는 지구에 있는 시계보다 더 빠른 속도로 시간이 흘러갔다.

b) 1999년, 듀오동 대학의 배리 앤틀리는 산꼭대기의 오두막집에서 석 달 동안 살다가 새해가 시작되자, 자신이 가지고 있던 원자시계를 1000분의 3초만큼 늦추어야 했다.

c) 1975년, 메릴랜드 대학의 캐럴 앨리는 비행기에 실은 원

자시계를 지상에 놓아둔 원자시계로 시간을 측정하는 실험을 했다. 비행기가 15시간 동안 달린 뒤에 시간을 비교해 보니 비행기의 시간이 1억분의 몇 초 더 늦게 갔다.

답 : e) 중력은 빛을 화살수보다 더 빨리 시간을 흐르게 한다. 빛이 수축하는 것은 수축기가 불빛을 때문에, 중력은 수축기에 의한 늘어나는 공간을 이론이 유사하다. 늘어나는 공간은 마치 어떤 것이다, 이어서 돌아가는 종이에 때문에 조금씩 더 걸린다. 사이에 대류에, 그리고 돌아가는 순간이 빨리 시간이 흐른다. 산에서 시간이 늦게 가는 것이 아닙니다. (줄 이야기)

중력은 왜 시간을 느리게 흐르게 할까? 중력은 빛에서 그 에너지 중 일부를 빼앗는다. 계단을 여섯 번 정도 오르락내리락 해 보면 무슨 말인지 이해가 갈 것이다. 중력과 씨름하다 보면 에너지를 잃게 된다! 자, 지금 여러분이 거대한 행성을 내려다보고 있다고 상상해 보자. 빛이 행성 표면에서 빠져나오려고 더 낑낑대기 때문에, 저 아래에서 일어나는 일은 더 느리게 일어나는 것처럼 보인다.

물체의 질량이 클수록 시간은 더 느려진다. 만약 여러분이 태양에서 1주일 동안 살아남을 수 있다면, 지구에 있을 때보다 나이를 1초만큼 덜 먹을 것이다. 그렇지만 여러분의 생존 확률은 전자레인지 속에 집어넣은 초콜릿보다도 낮다.

그런데 우주에는 시간을 멈출 수 있을 만큼 거대한 중력을 가진 물체가 존재한다! 바로 블랙홀이다! 블랙홀이 지닌 무시무시한 힘에 대해 끔찍한 병에 걸려 비실비실하던 한 과학자가 예언했다.

명예의 전당 : 카를 슈바르츠실트(Karl Schwarzchild; 1873~1916)

국적 : 독일

슈바르츠실트는 다섯 형제 중 장남으로 태어났다. 그는 아주 행복한 젊은이였다(끔찍한 동생이 네 명이나 있는데 행복하다고? 확실히 좀 이상하다!). 어머니는 쾌활한 성격이었고, 아버지는 아주 열심히 일했으며, 가족 모두가 화목하게 잘 살았다.

다른 가족들은 미술이나 음악에 취미가 있었지만, 카를 슈바르츠실트는 과학에 흥미를 느꼈으며, 용돈을 모아 천체망원경을 샀다. 마침 아버지 친구 중에 천문학자가 있었는데, 그 아들이 슈바르츠실트와 아주 친한 사

이였다. 슈바르츠실트는 천문학과 수학에 재미를 붙이게 되었고, 16세 때 이미 과학 논문을 쓰기 시작했다.

슈트라스부르크 대학과 뮌헨 대학에서 공부한 뒤 교수가 된 슈바르츠실트는 사진으로 별의 밝기를 측정하기 시작했다. 그의 취미 생활은 기구 타기, 산악 등반, 스키 등 모두 위험한 것이었지만, 그는 용케도 살아남았다. 그는 독일에서 촉망받는 천문학자였고, 밝은 미래가 보장돼 있는 것처럼 보였다. 그놈의 전쟁만 아니었더라면……

1914년, 독일은 러시아와 프랑스와 영국을 상대로 전쟁을 벌였고, 애국심이 투철했던 슈바르츠실트는 군에 입대했다. 직접 총을 들고 싸우기엔 나이가 너무 많다는 사실도 그를 막을 수 없었다.

군은 대포를 어떻게 조준해야 멀리 떨어진 적을 최대한 많이 죽일 수 있을지 계산하는 데 그의 재능을 활용했다. 그런데 슈바르츠실트가 러시아 전선으로 가면서 일이 틀어지기 시작했다. 거기서 슈바르츠실트는 끔찍한 피부병에 걸렸고, 온몸에 커다란 물집이 나면서 피부가 썩기 시작했다.

끔찍한 피부병을 잊기 위해 아인슈타인의 상대성 이론을 읽던 슈바르츠실트에게 기막힌 생각이 떠올랐다.

슈바르츠실트가 아인슈타인에게 편지를 썼다고 상상해 보자.

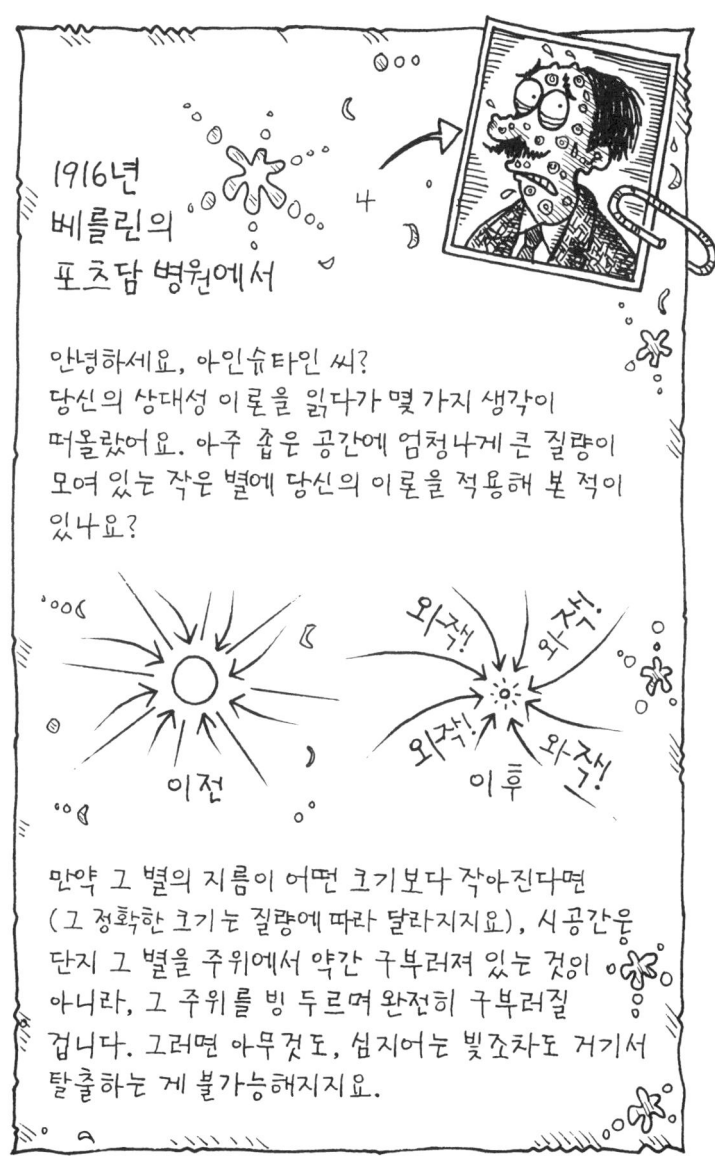

1916년
베를린의
포츠담 병원에서

안녕하세요, 아인슈타인 씨?
당신의 상대성 이론을 읽다가 몇 가지 생각이 떠올랐어요. 아주 좁은 공간에 엄청나게 큰 질량이 모여 있는 작은 별에 당신의 이론을 적용해 본 적이 있나요?

만약 그 별의 지름이 어떤 크기보다 작아진다면 (그 정확한 크기는 질량에 따라 달라지지요), 시공간은 단지 그 별을 주위에서 약간 구부러져 있는 것이 아니라, 그 주위를 빙 두르며 완전히 구부러질 겁니다. 그러면 아무것도, 심지어는 빛조차도 거기서 탈출하는 게 불가능해지지요.

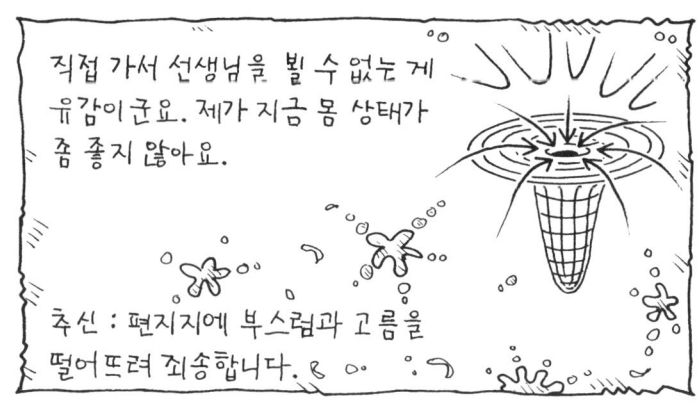

　아인슈타인은 한 과학 회의에서 슈바르츠실트가 제안한 이론을 낭독했지만, 대부분의 과학자들은 진지하게 받아들이지 않았다. 왜 그랬냐고? 빛이 빠져나오지 못하는 별이라니, 말이 나 되는 소리냐고 생각했기 때문이다.

　슈바르츠실트는 넉 달 뒤에 42세의 나이로 죽고 말았다. 그러나 지금은 슈바르츠실트가 예언한 그 별이 실제로 존재한다는 사실이 알려져 있다. 그 별은 바로 블랙홀로, 별이 폭발하고 나서 자체 중력을 못 이겨 아주 작은 점으로 붕괴할 때 생겨난다. 블랙홀을 만드는 데 필요한 물체의 반지름(거리)을 그의 이름을 기려 '슈바르츠실트 반지름'이라 부른다.

이렇게 되면 지구는 블랙홀로 변한다! 태양을 블랙홀로 만들려면, 지름 2.9km의 공간 속에 압축시켜야 한다. 초대형 블랙홀을 만들고 싶다면, 우리 태양계만 한 공간에 태양만 한 질량의 별 500개를 압축시키면 된다.

2. 자, 이제 엄청난 충격을 느낄지 모르니 마음의 준비를 하라. 그리고 이 일로 오늘 하루 종일 불안에 떨지 않길 바란다. 과학자들은 우리 은하의 중심에 거대한 블랙홀이 있다고 생각한다! 그 블랙홀의 지름은 112억 5000만 km나 된다.
그렇지만 공포에 질려 탈출할 로켓을 찾느라 허둥지둥할 필요는 없다. 그 블랙홀은 근처에 있는 별을 다 먹어치우고, 지금은 배부른 고양이처럼 조용히 잠자고 있으니까. 또 앞으로 수십억 년 내에 우리가 은하 중심 가까이로 다가갈 일은 절대로 없다.

그런데 여기에 재미있는 이야기가 하나 있다. 만약 우리가 블랙홀에 가까이 다가간다면, 미래로 여행할 수 있는 비밀을 발견할지도 모른다. 자, 그러면 조심조심 다음 장을 넘겨 보라. 시간 여행 이야기가 나오니까 생각나는데, 돈조아 탐정과 야옹이는 지금 블랙홀로 가고 있는 게 아닐까? 그것은 다시는 돌아오지 못할 여행이 될지도 모르는데…….

초보자를 위한 시간 여행

어제 ← 지금 → 내일

시간 여행은 결코 새로운 아이디어가 아니다.

1895년, 런던.
안녕, 친구들?
내가 너희에게 했던 이야기, 그거 다 사실이야!
나는 시간 여행자가 되어 진짜로 미래를 방문했어.
그리고 우리 인류가 두 종으로 갈라지게 될 거라고 한
이야기도 사실이야. 그러니까 아름답지만
약한 종쪽과 온몸이 털로 덮인
육식 괴물 종쪽으로 말이야!
제발 내 말 좀 믿어 줘.
난 미친 게 아니라니까!
그 괴물들이 나를 잡아먹으려고 했다니까!
내가 어떻게 탈출했는지 궁금하지? 나는 괴물들의
사원으로 몰래 숨어 들어가 내 기계에 시동을 걸었지.
그렇지만 공포에 질린 나머지 어둠 속에서 날짜를 잘못
입력해 더 먼 미래로 가고 말았어. 이미 태양이 꺼지고
지구 상의 모든 생물이 죽은 시대로 말이야.

나는 다시 간신히 목숨을 건져
탈출했지! 너희는 나보고 푹 쉬면서
안정을 찾으라고 이야기하지만,
이번에는 과거로 여행하고 싶어.
그래서 지금 나는 내 작은 놋쇠
기계에 앉아 목표 지점을 먼 과거로
맞추고 있어. 물론 위험하다는 건 알지만,

> 난 과거를 꼭 방문하고 싶어!
>
> 친구들아, 만약 너희가 이 편지를 보게 된다면,
> 이제 나는 다시는 돌아오지 못하게 될 거야.
> 그럼, 모두들 행복하게 잘 살길 바라겠어.
> 안녕!
>
> 시간 여행자

    그 후로 시간 여행자를 본 사람은 아무도 없다. 아마도 공룡 밥이 되었을 것이다. 그렇지만 신경 쓸 것 없다! 이것은 그저 지어낸 이야기일 뿐이니까! 공상 과학 소설 작가인 웰스가 1895년에 이 이야기를 처음 쓴 이후로 사람들은 시간 여행을 꿈꿔 왔다. 잠시 후면 우리는 과연 타임머신이 정말로 가능한지 알아보겠지만, 바로 지금 먼 과거의 모습을 보는 방법이 있다고 이야기하면 깜짝 놀랄 수도 있겠다. 물론 티라노사우루스의 간식거리가 될 위험은 전혀 없다! 요령만 알면 너무나도 쉬운 방법이다!

    여러분이 할 일은 옷을 따뜻하게 차려입고 별이 밝게 빛나는 밤에 밖으로 나가는 것이다(어린이는 반드시 어른과 함께 가도록 하고, 밖에 나가서는 어른이 길을 잃거나 무서워하지 않도록 잘 챙겨라). 자, 이제 눈을 들어 밤하늘의 별들을 보라. 정말 아름답지 않은가? 이렇게 아름다운 별빛이 공짜로 비치는데, 도대체 음산한 가로등이 왜 필요한지 모르겠다.

우주는 아주 넓기 때문에, 별빛들이 이곳까지 도착하는 데에는 수천 년, 수만 년 혹은 그 이상이 걸린다. 태양계에서 가장 가까운 별인 센타우루스자리 프록시마별조차 40조 km나 떨어져 있다. 이게 얼마나 먼 거리냐 하면, 빛이 잠을 자지 않고 계속 달려도 4.25년이나 걸리는 거리다. 따라서 우리 눈에 보이는 별의 모습은 현재 그 별의 모습이 아니다. 그것은 별빛이 그 별을 떠나던 당시의 모습이다. 무슨 소린지 이해하지?

그러니까 정말로 큰(지금까지 발명된 어떤 망원경보다 더 큰) 망원경이 있다면, 30광년 떨어진 행성에서 요상하게 생긴 외계인이 30년 전에 낯 뜨거운 외계인 패션 차림과 끔찍한 헤어스타일로 외계인 디스코 음악에 맞춰 춤추는 모습을 볼 수 있을지도 모른다. 반대로 정말로 큰 망원경을 가진 외계인이 있다면, 그들의 망원경에는 30년 전에 여러분 아빠가 디스코 춤을 추는 모습이 보일 것이다.

무슨 말인지 이해가 가지? 여러분이나 외계인 양쪽 다 과거의 모습을 보고 있는 것이다!

★ 요건 몰랐을걸!

그 어떤 것도 빛보다 빠른 속도로 달릴 수 없기 때문에, 별에 관해 더 새로운 자료를 얻는 건 불가능하며, 다른 별 주위에 살고 있는 외계인도 우리에 관한 최신 정보를 알 수 없다. 즉 외계인이 우리의 텔레비전 방송 신호(이것은 빛의 속도로 우주 공간으로 날아간다.)에 주파수를 맞춘다 하더라도, 따분한 옛날의 흑백 프로그램밖에 보지 못할 것이다. 반대로 우리가 외계인의 텔레비전 신호를 포착한다 하더라도, 그들이 오래 전에 봤던 고리타분한 옛날 프로그램밖에 보지 못할 것이다.

별의 옛날 모습(그리고 외계인 텔레비전에서 한물간 스타들)을 바라보는 것은 직접 시간 여행을 하는 짜릿함에 비하면 아무것도 아니다. 앞에서 블랙홀이 시간 여행에 도움을 줄 수도 있다고 이야기했지? 그리고 돈조아 탐정과 야옹이가 위태로울 정도로 블랙홀에 바싹 다가가고 있을 것 같다고 말했지?

시간 속에서 실종된 돈조아 탐정

지금까지의 이야기……

돈조아 탐정과 야옹이는 뇌가 두 개인 오만한 외계인에게 납치되었다. 돈조아 탐정은 비행접시에 탄 후 계속 상태가 좋지 않았다.

 속에 든 것을 게워 내고 나니 기분이 한결 낫군. 그런데 저 조그마한 녹색 친구는 왜 벌레 씹은 표정을 짓고 있는 거야?
 나는 초강력 외계인 스펀지로 내가 토한 것을 깨끗이 청소해야 했다. 청소를 막 끝내자마자 이 멍청하고 아무 짝에도 쓸모없는 고양이가 토하기 시작했다. 내 편을 든다고 따라 하는 것이겠지.
 그런데 외계인은 비위가 되게 상한 것 같다. 우릴 거의 때려죽이려고 했으니까!
 항행 계기반을 바라보고 있던 퉁가리가 더듬이를 씰룩거리기 시작했다. 난 이게 불길한 조짐이란 걸 눈치 챘다. 과연 그는 광선총을 꺼내더니 내 코에다 들이대고 이렇게 말했다.
 "저 앞에 블랙홀이 나타났어! 지금까지 어떤 인간도 블랙홀에 들어가 본 적이 없었지. 너, 그리고 네 친구인 저 동물은 이 실험에 참여하는 최초의 지구 생물이 될 거야. 저기 저 탈출정으로 옮겨 타!"
 그러더니 앞으로 우리에게 닥칠 일을 일종의 시뮬레이션으로 보여 주었다. 그것을 본 뒤 나는 차라리 보여 주지 말지 하는 생각이 들었다.

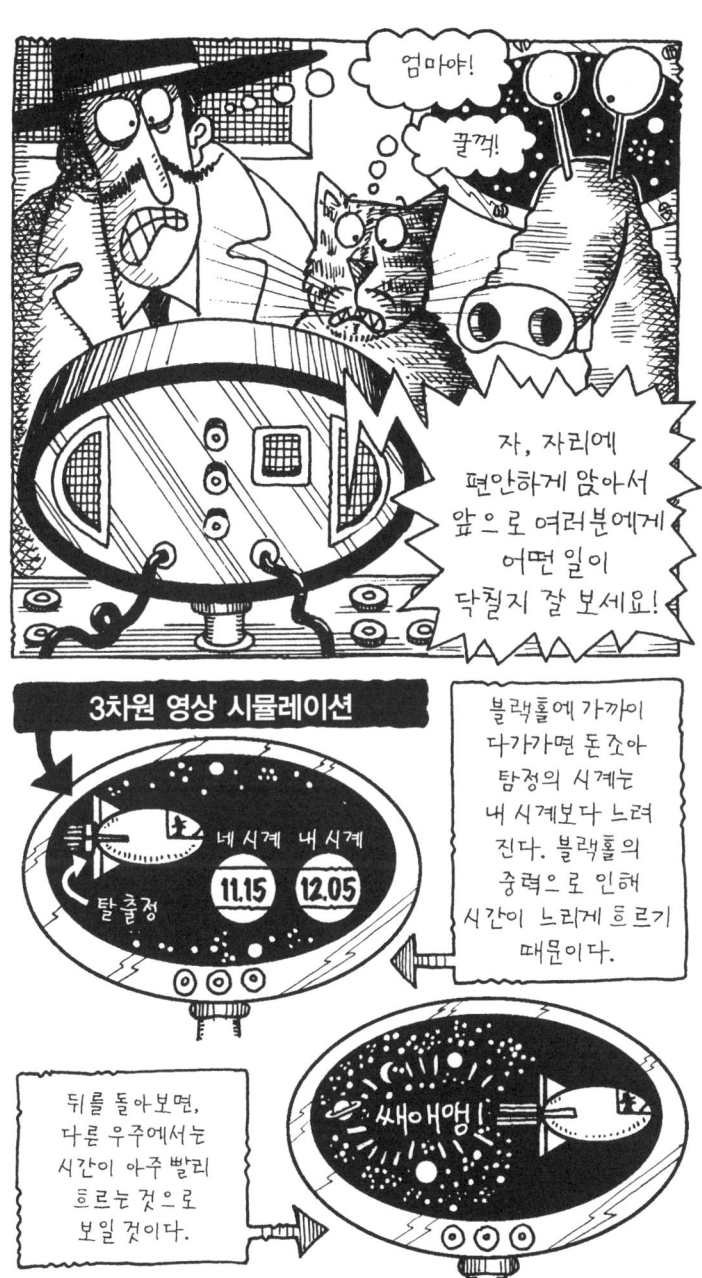

블러브 핸드폰으로 나와 통화를 시도하면, 내 목소리는 아주 빠른 고음으로 들리고, 내가 아주 빨리 움직이는 것으로 느껴질 것이다. 그렇지만 내가 볼 때 돈조아 탐정은 아주 느리게 움직이고, 그의 목소리는 아주 느릿느릿한 저음으로 들릴 것이다.

시끄러워, 멍청한 고양이야! 우린 아직 출발도 안 했어!

우주선에서 빛이 탈출하기가 어려워지기 때문에, 돈조아 탐정의 우주선은 빛이 점점 희미해져 가다가 결국 어둠 속으로 사라지고 만다.

돈조아 탐정의 눈에는 1초도 안 되는 순간에 우주의 전체 미래가 펼쳐지는 것이 보인다. 이제 시계는 멈춰 섰다.

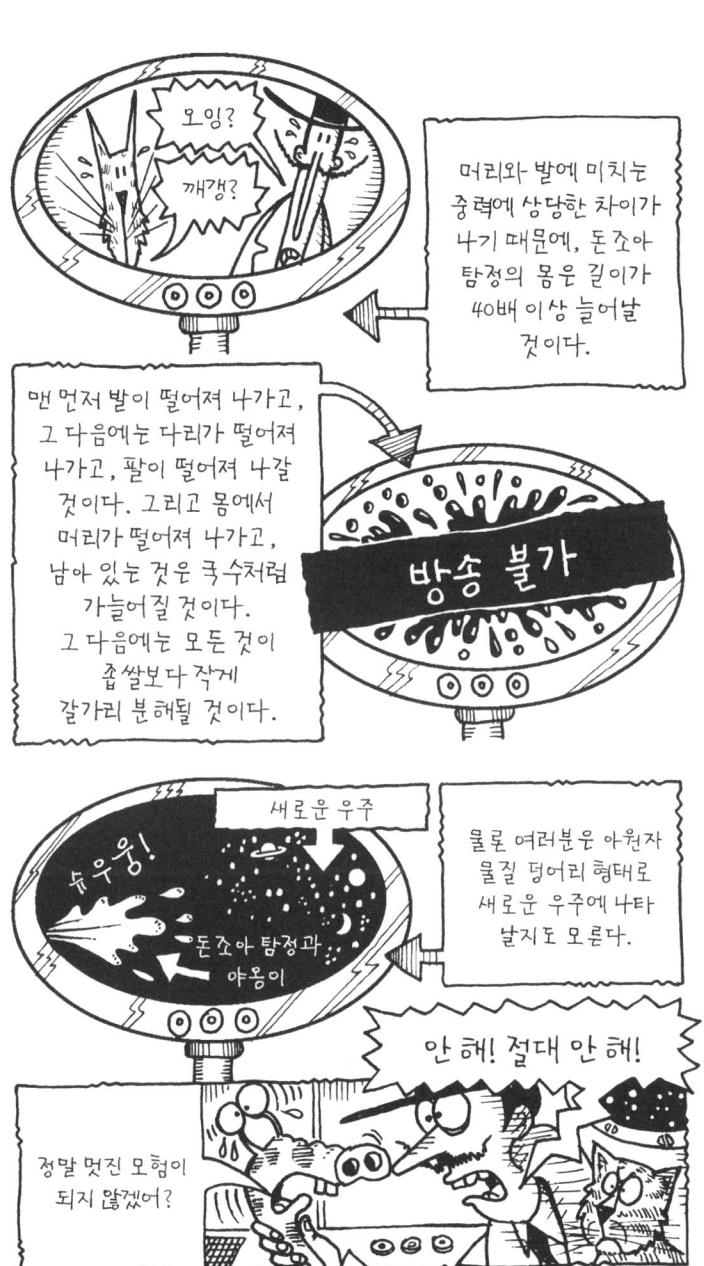

그런데 이 외계인은 장난하고 있는 게 아니었다. 나는 우리가 스파게티가 되는 걸 상상해 봤다. 그런데 사실, 스파게티는 내 취향이 아니다. 블랙홀은 휴가 여행으로 갈 만한 데가 못 된다. 나나 멍청한 고양이나 그곳에는 절대로 가고 싶지 않았다. 그래서 나는 핑곗거리가 없나 궁리했다.

한참 궁리하다가 뉴욕에 사시는 병든 어머니가 내가 올 날만 기다리며 누워 있다는 눈물겨운 이야기를 지어냈다. 그때, 할렐루야! 신이 내 기도를 들었나 보다.

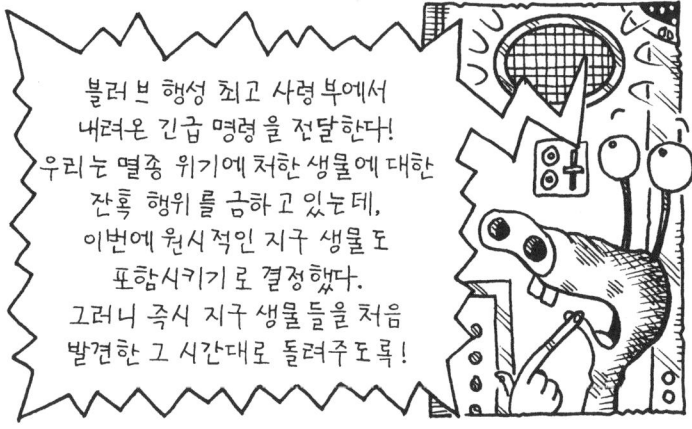

아, 이 얼마나 절묘한 시점에 뻗친 구원의 손길이란 말인가! 퉁가리는 이 명령이 마음에 들지 않는 것 같았지만, 최고 사령부의 명령이니 어쩔 도리가 없었다.

"이봐, 어서 우릴 지구로 데려다 주는 게 좋을 거야!"

내가 말했다.

외계인은 떨떠름한 표정으로 이렇게 말했다.

"우리가 빠른 속도로 여행하다 보니, 지금 지구의 시간은 우리 시간보다 열흘이나 더 지나갔어."

내가 도대체 무슨 소린가 이해하려고 애쓰고 있을 때, 조그마한 녹색 외계인은 표정이 밝아지더니 "그래, 빛보다 더 빨리 달려서 열흘 전의 과거로 가면 되겠군!" 하고 말했다.

그는 계기반에서 이것저것 만지기 시작했다. 이 외계인은 속도광인 것 같다. 안전벨트를 매자마자 내 위가 밖으로 튀어나오는 듯했고, 별들과 우주 공간은 커피잔 위의 거품처럼 소용돌이치기 시작했다. 나는 고양이를 꼭 부둥켜안고, 고양이는 나를 꼭 부둥켜안았는데, 제기랄, 고양이 발톱이 내 손톱보다 더 날카로웠다!

나는 고통을 못 이겨 이를 꽉 악물고 우주에는 교통경찰이 없나 살펴보았다. 또 구역질이 났지만, 저녁에 먹은 음식물은 아까 이미 다 토한 뒤였다.

"운전면허증이 있긴 한 거야?"

내가 이렇게 물어보았지만, 이 조그마한 녹색 외계인은 들은 척도 않는다.

그때, 만약 우리가 과거로 돌아간다면, 내가 좋아하는 시절로 갈 수 있지 않을까 하는 생각이 들었다. 협상을 해야 할 시간이다.

"이봐, 친구! 나를 몇 년 전으로 돌아가게 해 줘. 그러면 피자 가게 살인 사건을 멋지게 해결할 수 있을 거야! 그리고 로또 번호도 맞힐 수 있고!"

그런데 이 외계인 녀석이 도무지 협조를 해 주어야 말이지.

"꿈 깨셔, 지구인!"

이렇게 정나미 뚝 떨어지는 소리나 하고 있다.

바로 그때, 혜성 하나가 커다란 암석덩어리와 충돌했다! 음, 자세히 보니 그 일이 거꾸로 일어나고 있었다. 그러니까 암석덩어리에서 혜성이 떨어져 나가고 있었던 것이다.

부서졌던 암석덩어리가 도로 들러붙더니 새 것이 되어 멀쩡하게 씽 날아갔다! 멍청한 고양이조차 신기한 눈으로 빤히 바라보았다.

잠시 후 비행접시가 지구에 도착했고, 외계인은 그날 밤 우리가 떠난 장소인 교수 집에 우리를 내려놓았다. 교수는 외계인을 보지 못했지만, 타임머신이 부서진 것을 보고 노발대발했다. 꼼짝없이 내가 모든 죄를 뒤집어쓸 판이었다.

오, 이런! 또 설레발 씨가 더 이상 못 참겠다는 듯이 손가락을 까닥거리며 거품을 무는군.

오, 죄송해요, 설레발 씨! 그의 말이 맞다. 퉁가리의 우주선이 처음에 아주 빨리 달리던 때(120쪽 참고)가 기억나는가? 그러면 우주선의 질량이 증가한다. 아인슈타인은 특수 상대성 이론에서 질량과 에너지는 서로 변할 수 있다고 지적했다. 그런데 우주선이 아주 빠른 속도로 날면, 거기에 들어간 에너지가 질량으로 변하면서 더 빨리 날기가 힘들어진다. 그래서 우주선이 빛의 속도로 달리려면, 우주 전체의 질량보다 더 큰 질량에 해

당하는 에너지가 필요하다.

이것은 두 가지 사실을 의미한다.

1. 여러분에게 심각한 체중 문제가 생길 것이고, 우주적인 규모의 다이어드에 들어가야 할 것이다.

2. 광속으로 여행하려면 무한한 에너지가 필요한데, 우주 전체의 에너지를 다 쏟아 붓는다 해도 모자랄 것이다.

그래서 대다수의 과학자들은 광속보다 더 빠르게 여행하는 것이 불가능하다고 생각한다.

자, 여기까지 잘 받아 적었겠지?

그러나…… 일부 과학자들은 우주의 속도 제한을 피해 갈 수 있는 교묘한 방법이 있을지도 모른다고 생각한다. 그럴 수 있다고 상상해 보자! 빨리 달릴수록 지구의 시간에 비해 우주선 안의 시간이 느려진다고 했지? 만약 빛보다 더 빨리 달릴 수만 있다면, 실제로 시계가 지구 시간에 비해 거꾸로 가는 게 가능하다! 그렇게 되면, 앞에 나온 이야기처럼 시간을 거슬러 과거로 여행하는 것이 가능하다!

과연 시간 여행은 가능할까?

음, 이 질문은 둘로 나누어 생각하는 게 좋겠다. 시간의 앞으로, 곧 미래로 여행하는 거라면, 이미 앞에서 살펴보았듯이 가능하다. 어쨌든 우리는 미래를 향해 나아가고 있고, 정말로 미래 여행을 하고 싶다면 우주 공간에서 정말로 빨리 달릴 수 있는 방법만 찾으면 된다. 또 우리는 우주 어딘가에서 조용히 잠자고 있는 블랙홀 근처로 감으로써(그러나 너무 가까이 가진 말라!) 언제든지 시간의 흐름을 늦출 수 있다.

시간을 거슬러 과거로 여행하는 것에 대해서는 과학자들 사이에서도 의견이 나뉜다(대부분은 불가능하다고 말한다). '가능하다'거나 '아마도 가능할 것이다'라고 말하는 과학자들은 그것을 실현시킬 수 있는 나름의 복잡한 아이디어를 제시한다. 그럼, 잠시 광고 말씀 전하고 다시 이야기하기로 하자.

〈앗, 이렇게 재미있는 과학이!〉제공

무시무시한
특급 시간 여행

🕐 출발 이전의 시간에 돌아올 수 있습니다!
🕐 다양한 선택 기회 제공! 🕐 사진기 꼭 가져오세요!

우리의 웜홀 속으로 뛰어들어 공간의 지름길을 지나 과거로 뛰어나옵니다!

특별한 스포츠 행사
아무도 출발하기 전에 경주를 마쳐 우승하는 즐거움을 만끽해 보세요!

어린이를 위한 특별 행사
학교에 가기 전에 200만 년 동안 방학을 즐기세요!

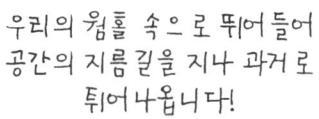

덜렁이 녀석, 또 지각했구나!

겨우 20년 가지고 뭘 그러세요!

나 돌아왔어!

그렇지만 넌 아직 출발도 안 했잖아?

가격 : 단돈 9999조 원!

멋진 산책을 즐기고 싶으세요?

여긴 아주 추워요!

얼어붙은 빛의 소용돌이를 방문해 보세요! 절대 영도(이것은 열이 하나도 없는 상태, 곧 도달할 수 있는 가장 낮은 온도를 말합니다.)에 가까운 거대한 원통 안에서 빛의 속도가 느려져서 나선 모양으로 늘어서 있습니다. 여기서는 시간이 공간으로 변하고, 공간이 시간으로 변하기 때문에 여러분은 그냥 걸어서 과거로 갈 수 있습니다!

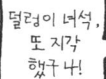 

그렇지만 어제도 이거 해 봤잖아요, 엄마?

아들아, 오늘이 어제가 되고, 내일이 오늘이 될 수 있어. 또다시 24시간 안에 돌아온다면 말이야.

경고! 이 타임머신 안은 아주 추우므로, 내복과 따뜻한 물이 든 보온병을 챙겨 오세요!

주의 사항: 1. 그 어떤 타임머신도 그 타임머신이 만들어졌을 때보다 이전의 시간으로 여러분을 데려다 줄 수는 없습니다. 그러니 공룡 사파리 여행은 포기하시길! 2. 이 기계들은 진지한 시간 여행 이론에 바탕을 두고 있지만, 이렇게 만들어진 기계라 하더라도 실제로는 작동하지 않을 수 있습니다(계약금 환불 불가). 3. 설사 작동한다 하더라도, 매우 위험할 수 있습니다. 그렇지만 어차피 인생은 모험이잖아요!

뭐라고? 광고 문구 중 무슨 소린지 도저히 이해할 수 없는 것들이 있다고? 혹시 이런 이야긴 들어 봤는지?

소름 끼치는 과학 용어
과학자 왈 :

답: 과학자가 말한 벌레 구멍은 웜홀(wormhole)을 가리킨다. 웜홀은 은하계의 한쪽 끝에서 다른 쪽 끝까지 아주 먼 시간을 가로질러 갈 수 있는 지름길이다. 말하자면 시간여행을 가능하게 해 주는 말발굽 모양의 상상 속 터널이다. 웜홀을 만들려면 먼저 거대한 블랙홀을 마구 비틀어서 우주선이 지나갈 수 있을 때까지 빙빙 돌려야 한다. 아주 조심해서 다뤄야 함은 물론이다.

직접 타임머신을 만드는 방법
1. 먼저 블랙홀을 만들어 빙빙 돌려 웜홀을 만든다.

2. 웜홀의 한쪽 끝을 붙잡고 아주 빠른 속도로 날아간다. 먹음직한 행성(목성 정도면 딱 좋다)을 가지고 유인함으로써 끌고 갈 수 있다.

3. 그동안 지구에서는 50년이 지났지만, 여러분은 웜홀 속으로 뛰어들어 반대쪽 끝으로 나옴으로써 출발한 시간으로 돌아올 수 있다!

이상하게 들리겠지만, 여러분은 사실상 시간 고리를 만든 셈이다. 겁먹지 말 것! 이건 안전하니까. 터널의 벽에 손을 대지만 않는다면, 블랙홀 속에서 겪는 것과 같은 일은 일어나지 않는다!

나쁜 소식

그러나 세상에 쉬운 일은 없는 법! 안 그래도 아까부터 설레발 씨가 잔뜩 벼르고 있다. 알았어요, 설레발 씨. 이제 그만 손 내려도 돼요.

과학자들은 지금 이 순간에도 이 문제들을 놓고 옥신각신하고 있는데, 웜홀의 입구를 계속 열린 상태로 유지할 수 있는(엄청나게 복잡한) 아이디어들이 제안되기도 했다. 문제는 이 방법들이 존재하지 않을지도 모르는 종류의 에너지를 사용한다는 데 있다. 그러니 아직은 시간 여행을 떠나기 위해 배낭을 꾸릴 필요가 없다.

그렇지만 언젠가는 시간 여행이 버스를 타는 것만큼 쉬운 일이 될지도 모른다. 그런데 여러분은 정말로 과거로 여행하길 원하는가? 만약 여러분이 태어나기 이전의 과거로 돌아간다면, 불가능해 보이는 일들이 일어날 수도 있다.

시간 여행자에게 일어날 수 있는 불가능한 일들

1. 미치광이 시간 여행자가 과거로 가서 자기 할머니를 죽일

지도 모른다.

문제점 : 만약 할머니를 죽인다면, 시간 여행자는 태어날 수 없게 된다. 그런데 왜 시간 여행을 다루는 책에서는 항상 할머니를 죽이는 이야기가 나오는 걸까? 과학자들은 할머니에 대해 좋지 않은 감정이 있는 걸까?

2. 시간 여행자가 어린 시절의 자신을 만나게 될지도 모른다…….

문제점 : 그렇다면 누가 진짜 나일까?

3. 그리고 과거의 자신에게 타임머신을 만드는 방법을 가르쳐 줄지도 모른다.

문제점 : 그렇다면 그 아이디어는 어디서 나온 것일까?

어떤 과학자들은 이러한 문제들을 피해 갈 수 있는 방법이 있을 것이라고 생각한다. 그러나 다른 과학자들은 그런 방법이 없다고 생각한다. 하기야 언제 과학자들의 의견이 일치한 적이 있었던가? 여러분은 어떻게 생각하는가? 잘 모르겠다면, 지금 한번 곰곰이 생각해 보라.

생각 끝났지? 자, 그럼 여러분이 시간을 앞질러(시간을 거슬러 가는 게 아니라 앞질러 가는 것이다) 여행할 수 있다고 상상해 보자. 얼마나 멀리 갈 수 있을까? 시간이 영원히 계속될까? 아니면, 언젠가 시간도 어느 지점에서 멈춰 서게 될까? 이것 때문에 밤잠을 설치지는 말기 바란다.

11쪽에서 말했듯이, 과학자들은 시간이 우주의 탄생과 함께 시작되었다고 생각한다. 우주가 탄생하기 전에는 시공간이 없었으므로, 시간이 존재할 수 없었다. 그러니까 시간이 끝난다는 말은 우주의 종말을 의미한다. 1922년, 러시아 과학자 알렉산드르 프리드만(1888~1925)은 우주의 미래 운명에는 세 가지가 있다고 주장했다. 여러분은 어떤 것이 가장 마음에 드는가?

1. 우주는 언젠가 팽창을 멈추고 수축으로 돌아설지 모른다. 과학자들은 이것을 빅 크런치(Big Crunch : 대붕괴)라 부른다. 좋

은 소식은 아주 흥미진진하다는 것! 나쁜 소식은 큰 혼란이 발생한다는 것!

2. 우주는 계속 영원히 팽창해 간다. 수천억 년, 아니 그 이상의 오랜 시간이 지나면, 별과 행성에서 나온 열이 공간 속으로 퍼지면서 우주에는 에너지가 바닥나지만, 그래도 우주는 계속 팽창해 갈 것이다. 좋은 소식은 우리가 짜부라지지 않는다는 것! 나쁜 소식은 엄청나게 따분한 우주가 된다는 것!

3. 우주는 팽창을 계속하지만, 그 속도는 점점 느려진다. 사실, 어느 순간부터는 거의 커지지 않게 된다. 나쁜 소식은 더 따분한 우주가 된다는 것!

우주가 이 세 가지 운명 중 어느 길을 따를지는 아무도 모른다! 그렇지만 현재 과학자들은 2번이 가장 유력하다고 생각한다. 물론 과학자들은 앞으로도 어느 시나리오가 맞느냐를 놓고 논쟁을 계속할 것이다. 아마도 시간이 끝나는 순간까지도 논쟁을 계속할 것이다.

음, 과학자들은 그냥 저대로 내버려 두는 게 좋겠다.

끝맺는 말 : 시간의 종말

지금까지 살아오거나 앞으로 살아갈 사람은 누구나 시간의 영향을 받는다. 어떤 사람들은 시간이라는 개념 자체에 큰 흥미를 느껴 시간을 이해하거나 측정하기 위해 평생을 바치기까지 한다. 존 해리슨이나 샌드퍼드 플레밍, 루이지 릴리오를 생각해 보라.

여러분은 시간에 관한 끔찍한 진실이 무엇일까 하고 궁금하지는 않았는가?

이제 그 진실을 말해 주겠다. 시간은 일상생활의 일부다. 우리는 시간이 무엇인지 안다고 생각한다. 우리는 시계로 시간을 잴 수 있고, 원자시계를 사용해 놀랍도록 정확하게 측정할 수 있다. 우리는 시간이 무엇이며 어떻게 시작되었는지에 대한 이론을 만들 수 있고, 시간 여행을 꿈꿀 수도 있다. 그러나 그래도 우리는 시간이 무엇인지 전혀 이해할 수 없다! 우리는 시간이 어디서 와서 어디로 가는지 확실히 모른다. 우리는 시간이 어떻게 작용하는지, 그리고 왜 시간이 한쪽 방향으로만 흐르는지 알지 못한다.

끔찍한 진실은 시간이 아직도 수수께끼라는 사실이다!

시간을 이해하려고 하는 사람에게는 이것이야말로 정말로 끔찍한 사실이 아닐 수 없다! 그래서 과학자들에게도 시간은 궁극적인 도전 과제로 남아 있다. 아인슈타인은 나중에 늙었을 때 이렇게 썼다.

우리는 사방의 벽에 여러 나라 언어로 적힌 책들이 천장까지 쌓여 있는 거대한 도서관에 들어간 어린아이와 같다.
아이는 그 언어들을 모른다.
다만, 책의 배열 방식에 어떤 정해진 계획이 있다는 걸 눈치 채지만, 그 신비로운 질서를 겨우 어렴풋하게 짐작할 뿐이다.

사람에 따라서는 과학책(이 책은 아니길 빈다!)을 펼칠 때마다 이런 느낌이 들지도 모른다. 도대체 아인슈타인이 무슨 소릴 한 건지 아직도 궁금해하는 사람을 위해서 말한다면, 위의 이야기는 우주의 궁극적인 수수께끼에 관한 것이다. 물론 거기에는 시간도 포함된다.

그렇지만 한 가지만큼은 분명하다. 과학자들은 서서히 시간의 수수께끼를 풀어내고 있다. 그리고 그 답은 바로 저 밖에 있다. 반짝이는 별들 사이의 어둡고 차가운 우주 공간 어딘가에 바로 이 수수께끼를 푸는 열쇠가 숨어 있다. 언젠가 우리는 그것을 발견하게 될 것이다. 그렇다! 그것은 단지 시간 문제일 뿐이다!